START UP

民法 3 債権総論

HANREI

判例30!

JN023327

田髙寛貴
白石　大
山城一真

［増補版］

有斐閣

はしがき

「判例を勉強するってどういうこと？」「判例を事案から読むって何の意味があるの？」　そんな疑問をもつ判例学習初心者のみなさんにも，判例を学ぶことの意義やおもしろさを体感してもらいたい，そんな思いから生み出されたのが本書です。

判例を教科書の中に差し挟まれているような単なる一般命題としてだけでとらえていると，趣旨からはずれた事案にも判例法理をあてはめ，妥当でない結論を導く過ちをおかしかねません。判例法理を正しく紛争解決の道具として使うためには，それがどのような事案から生み出されたものなのかを理解することが不可欠なのです。

本書の特徴を3つあげておきましょう。1つめは，「Introduction」です。本シリーズの憲法や刑法から引き続いて登場する「エンピツくん」がつぶやく素朴な疑問や不満からスタートして，徐々に判例に挑む体勢を整えてもらいます。2つめは，各判例の最初に掲げた〔事案をみてみよう〕です。判例学習の要は事案です。難しくなりすぎないよう簡略化はしつつ，争いが生じた事情や当事者の思いが伝わるよう，「生々しさ」を表す工夫をしました。3つめは，事案，判決文，解説の間に配した〔読み解きポイント〕と〔この判決が示したこと〕です。この事案で解決されるべき課題を明確にしたうえで判決文を読んでもらい，課題に対して判例の出した解答を端的にまとめてから解説に入る，というように，順を追ってスムーズに理解を深めてもらえるような構成にしてあります。詳しくは「本書の使い方」（p.viii〜ix）をご参照下さい。

債権総論は，今回の民法改正の影響をもっとも受けた領域の1つです。施行前のこの時期に，改正後も意義をもち続ける判例を選定し，新たな意義を探るのには，正直ためらいや不安もありました。あるいは，改正法の施行後には，私たちが想定したのとは異なる条文解釈や新判例があらわれ，本書で取り上げた判例の位置づけが変わる可能性もゼロではありません。それでも，改正法のありうる理解の1つを示したものとして，本書が民法改正の意味を知るためのよき助けになればと思います。

このシリーズのために結成された有斐閣編集部「判例教材チーム」の

方々の「新しい時代の新しい判例教材を」という企画の趣旨を，どうしたら具体化できるのか，執筆者一同，会合を重ね，今日まで試行錯誤を重ねてきました。ときには朝から始まった会議の終了が深夜に及ぶこともありました（ただし，喫茶「さぼうる」での休憩〔右ページ写真〕は挟みましたが）。しかし，会合は総じて楽しく充実したひとときでした。改正後の条文の理解や判例の位置づけといった法律の議論ももちろんそうですが，「どの漢字にふりがなを付けようか」「小口解説で何を取りあげようか」等々，判例に近づくうえでのハードルを取り除く手法の話合いも，新しいタイプの判例集を生み出すチャレンジの面白さとなりました。読者のみなさんに，よりリアルに事案を感じてもらいたくて，「当時の女給の収入の相場は？」といったことを調べていくうち，当時の世相がありありと浮かんできて，判例法理が社会のなかから生まれる実相を，私たち自身，大いに学ぶこととなりました。そんな議論の過程でイメージをふくらませ思わず筆をとって描いた絵も，本書のなかに少し挿入してみました（執筆者のうちの誰の手になるものかは，ご想像にお任せします）。そうした私たちの楽しい心持ちや創意をみなさんに少しでも感じてもらえたなら，執筆者としてこんなに嬉しいことはありません。

　本書の執筆にあたっては，有斐閣法律編集局書籍編集部の渡邉和哲さんと井植孝之さんに大変お世話になりました。この本が読者のみなさんに好意的に受け止めてもらえるものになったとすれば，それは，魅力的な本にするアイデアを種々お示しくださり，わかりやすい表現になるよう読者目線で貴重なご指摘をいただいたお二人のご尽力によるものです。

　この本が，読者のみなさんと判例学習との幸せな出会いのきっかけ，架け橋になれたらと願っています。　　　　　　　　　　　（2017年9月）

〔増補版はしがき〕
　初版刊行時には改正債権法が未施行であり，改正後に従前の判例がもちうる意義についても不確定的な状態でした。それから6年近く経ったいまもなお，改正後の条文の理解や従前の判例の意義をめぐる議論は続いており，流動的な部分も少なくありませんが，このたびの増補では，できるだけ最新の議論動向も反映させつつ内容のいっそうの充実に努めました。初版と同様，些かでも読者のみなさんの学びの一助にしていただけたら幸いです。

2023年7月

　　　　　　　　　　　　　　　　　　　　　田髙寬貴
　　　　　　　　　　　　　　　　　　　　　白石　大
　　　　　　　　　　　　　　　　　　　　　山城一真

著者紹介

神保町・「さぼうる」にて（2022年9月撮影）

白石　大
Shiraishi Dai

山城一真
Yamashiro Kazuma

田髙寛貴
Tadaka Hirotaka

早稲田大学教授

①大学卒業後，銀行員をしていたことがあります。毎日の仕事で法律問題に触れ，「大学院で法律を勉強し直したい」と思ったのがきっかけで，気づけば今に至っています。

②社会に出たら，民法の勉強をしておいてよかった（しておけばよかった？）と感じることが必ずあるはずです。民法が実社会でどのように使われるか，本書で具体的なイメージをつかんでもらえたらうれしいです。

執筆担当：Chapter Ⅴ・Chapter Ⅵ

早稲田大学教授

①試験のための勉強に嫌気が差して，もっと真面目に法学に取り組んでみたいと思うようになりました。民法を選んだのは，歴史が古く，取り扱う問題も多岐にわたる点で，法学のなかでも最大の難関だと感じたから，でしょうか。

②読者というより私自身に言うべきことなのですが，未来の自分に胸を張って見せられるような毎日を送っていただきたいと思います。

執筆担当：Chapter Ⅰ・Chapter Ⅱ

慶應義塾大学教授

①学生法律相談サークルで，ナマの紛争にふれ，それについて皆で討論するうち，種々の事象を支える理論を自分なりに詰めて考えてみたくなった，という素朴な思いが研究の端緒であったような。

②紛争の実相にふれ，そこから判例が生み出されていく様を目の当たりにする──判決要旨を辿るだけでは得られない判例学習の面白さを，本書を通じて体感してもらえたらと思います。

執筆担当：序・Chapter Ⅲ・Chapter Ⅳ

☞ ①民法の研究者を志したきっかけ　②読者へのメッセージ

目次

序　債権総論の全体像 1

Chapter Ⅰ ― 債権の意義・目的 3

1. 債権の意義

2. 債権の目的

Chapter Ⅱ ― 債務不履行の責任等 13

1. 損害賠償の要件

Chapter

Ⅲ ─ 責任財産の保全　　　47

本書の使い方

① タイトル

この項目で学ぶことを示しています。

② 判例

この項目で取り上げる判例です。この場合，最高裁判所で昭和50年3月6日に出された判決のことです。詳しくは，「凡例」（p.x）を参照してください。

③ 出典

ここに掲げた書誌に，この項目で取り上げた判決文・決定文の全文が載っています。「出典」と呼ばれます。「民集」などの略語については「凡例」（p.x）を参照してください。

事案

この事件のおおまかな内容です。

---

①

13 債権者代位権の無資力要件

最高裁昭和50年3月6日判決（民集29巻3号203頁）　　▶百選II-9

②　③

事案をみてみよう

A は，自己所有の本件土地を弟妹（以下まとめて Y₂ という）に約 600 万円で売却する旨の売買契約を Y₂ との間で結んだ。同契約では，代金は契約時に 100 万円，6 か月経過後に残額を支払うこと，代金完済時に所有権移転登記手続をすることとされていた。

同契約の締結から 4 か月後に A が死亡し，A の子である X ら 5 名と Y₁ が A を相続したが，相続人間で遺産分割につき紛争が生じたため，残代金の支払も所有権移転登記手続もされないままとなった。数年後，Y₂ は，X らと Y₁ に対し，残代金を支払うから本件土地の所有権移転登記手続に必要な書類を送付してほしいと催告した。X らはこれに応じたが，Y₁ が応じなかったため，登記移転手続ができず，そのために Y₂ は残代金の支払をしなかった。

そこで，X らは，Y₂ に代位して，Y₁ に対し，Y₂ から残代金の 6 分の 1 の額の支払を受けるのと引換えに，本件土地につき所有権移転登記手続をするよう求め，また，Y₂ に対し，X らおよび Y₁ が本件土地の所有権移転登記手続をするのと引換えに，X らそれぞれに残代金の 6 分の 1 の額を支払うよう求めて，訴えを提起した。

原審は，Y₂ が無資力か否かにかかわらず X らによる債権者代位権の行使は認められるとした。これに対して Y₁ は，金銭債権に基づく債権者代位権の行使には債務者の無資力が要件となるはずであるとして上告した。

*1
Y₁ の主張によれば，死の病床にあって医療費の支払に窮していたが，金策のため肉親の Y₂ に本件土地の買取りを求めたようである。

*2
Y₁ が登記移転手続に応じなかったのは，背景事情として，A の扶養をひとり Y₁ のみが担っていたとして，X らとの間で遺産分割につき争いが生じていたことがあり，また，X らの意向と異なり，Y₁ としては，AY₂ 間の売買契約における代金が本件土地の評価額を下回るものであったことを争いたいと考えていたためでもあった。

*3
裁判では，Y₂ は，争うことなく，X の請求をそのまま認めた。

✓ 読み解きポイント

Y₂ は，登記移転手続がされるまでは，X らの残代金支払請求を拒むことができる（同時履行の抗弁権，533条）。Y₂ への登記移転手続は X ら Y₁ とが共同しなければできないところ，Y₁ がそれを拒んでいるために，X らは Y₁ に対して代金支払を請求できないでいる。そうした状態を打ち破って，自らの権利を実現させるため，X らは債権者代位権を用いようとしているわけである。

判例は，被保全債権が金銭債権の場合の代位権行使には，債務者の無資力が必要だとしている。本件において X らが Y₂ に対して有する被保全債権は金銭債権であるから，この判例法理によると，Y₁ のいうように，Y₂ が無資力でなければ X らの代位権行使は認められないことになる。しかし，本件における X らの主張の可否は，果たして Y₂ の資力の有無で左右されるようなものなのだろうか。

052

どんな事案に対してどんな判断が示されたかを順番に確認することが大事！ まずは事案を丁寧に読んでみよう！

読み解きポイント

以下の判決文・決定文を読むときにどのようなところに着目すればよいか，意識するとよいポイントを説明しています。

エンピツくん

性別：たぶん男子。
年齢：ヒミツ。
モットー：細く長く。
シャーペンくんをライバルと思っている。

判決文・決定文

ここが，裁判所が示した判断をまとめた部分です。全文は実際にはもっと長いものですが，ここでの学習に必要な部分を抜き書きしています。判決文・決定文の中でも，特に大事な部分に下線を引いています。

判決文・決定文は，この事件について裁判所がどう判断したか，という部分。言い回しや言葉づかいが難しいところもあるけれど，がんばって読んでみよう！

判決文を読んでみよう

「被相続人が生前に土地を売却し，買主に対する所有権移転登記義務を負担していた場合に，数人の共同相続人がその義務を相続したときは，買主は，共同相続人の全員が登記義務の履行を提供しないかぎり，代金全額の支払を拒絶することができるものと解すべく，したがって，共同相続人の1人が右登記義務の履行を拒絶しているときは，買主は，登記義務の履行を提供して自己の相続した代金債権の弁済を求める他の相続人に対しても代金支払を拒絶することができるものと解すべきである。そして，この場合，相続人は，右同時履行の抗弁権を失わせて買主に対する自己の代金債権を保全するため，債務者たる買主の資力の有無を問わず，民法423条1項本文により，買主に代位して，登記に応じない相続人に対する買主の所有権移転登記手続請求権を行使することができるものと解するのが相当である。」

> ⇩ この判決が示したこと ⇩
>
> 判例・通説は，債権者代位権における被保全債権が金銭債権の場合には債務者の無資力が要件となると解している。本判決は，金銭債権を被保全債権とする債権者代位権の行使でも債務者の無資力が不要な場合があることを示したものである。

この判決・決定が示したこと

ここまでに読んだ判決文・決定文が「結局何を言いたかったのか」「どんな判断をしたのか」を簡単にまとめています。〔読み解きポイント〕にも対応しています。

解説

I．債権者代位権の無資力要件と「転用型」

1 ▸▸ 「債務者の無資力」要件の必要性

［判例12］の［解説］でも述べたように，債権者代位権は，債権者が自己の債権の実現を図るため，例外的に債権者による債務者の財産への介入を認めたものである。金銭債権を有する債権者は，債務者が債権回収に十分なだけの責任財産をもっているならば，債権保全のため債権者代位権を行使する必要はない。通説・判例が，423条1項の「自己の債権を保全するため必要があるとき」という要件を，債務者の資力に不足があること（無資力）を意味するものと解してきたのは，そうした理由による（判例13-A：最判昭和40・10・12民集19巻7号1777頁）。

2 ▸▸ 被保全債権が特定の債権である場合の代位権行使

金銭債権を有している債権者は，債務者の責任財産のなかにあるどの財産に対しても強制執行をすることができる。だからこそ，金銭債権を有する者は，債務者の責任財産の全体を保全したくなる，といえる。ところが，金銭債権ではない特定の債権を有する者は，その特定の給付を求めることができるだけで，他の財産に強制執行をすることはできないから，（債務不履行により損害賠償請求権が生じているのでない限り）責任財産の減少に直接影響を受けるわけではない。**Introduction**（p.46）でも示した例であるが，AからB，BからCに不動産が売却されたが，登記名義がAにとどまっている場合，登記を自己名義にしたいCは，Bに対する登記請求権の実現を図るため，BのAに対する登記請求権を代位行使することが考えられる。このCのBに対する登

判例13-A
債権者は，債務者の資力が当該債権を弁済するについて十分でない場合に限り，自己の金銭債権を保全するため，債権者代位権を行使しうると解すべきであり，債権者の無資力は債権者が立証責任を負うものとした。

解説

用語や考え方，背景，関連事項など，この判例を理解するために必要なことを説明しています。

解説を読むと，この判例の意義や内容をより深く理解できるよ！

左右のスペースで，発展的な内容や関連する判例，知っていると役立つことを付け加えています。余裕があれば読んでみましょう。そのほか，判決文・決定文の現代語訳を付けたところもあります。参考にしながら読んでみてください。

凡例

 判例について

略語

［裁判所］

大（連）判 ……… 大審院（連合部）判決

最（大）判 ……… 最高裁判所（大法廷）判決

高判（決）………… 高等裁判所判決（決定）

地判（決）………… 地方裁判所判決（決定）

［判例集］

（大審院時代）

民録 ……………… 大審院民事判決録

民集 ……………… 大審院民事判例集

（最高裁判所時代）

民集 ……………… 最高裁判所民事判例集

下民集 …………… 下級裁判所民事裁判例集

判時 ……………… 判例時報

判タ ……………… 判例タイムズ

金法 ……………… 旬刊金融法務事情

金判 ……………… 金融・商事判例

表記の例

最高裁昭和 32 年 6 月 5 日大法廷判決
（民集 11 巻 6 号 915 頁）
または
最大判昭和 32・6・5 民集 11 巻 6 号 915 頁

「最高裁判所」の大法廷で，昭和 32 年 6 月 5 日に言い渡された「判決」であること，そしてこの判決が「民集」（最高裁判所民事判例集）という判例集の 11 巻 6 号 915 頁に掲載されていることを示しています。

 当事者関係図について

できごと・契約関係等	⟶	⟶
権利義務関係・一般	⟶	
権利義務関係・強調	⟹	
権利義務関係・消滅	⤍	⤍
権利変動（債権譲渡など）	⇨	⇨
当該判例事案での請求	〰➤	

所有関係	
抵当権	
債権の差押え	

 法令名について

・民法については，原則として条文番号のみを示し，その他の法令については一般の例によりました。

・本書で「債権法改正」とあるのは，とくに断りのない限り，平成 29（2017）年の民法（債権関係）改正（平成 29 年法律 44 号）による改正をさします。

 判決文・条文などの引用について

「　」で引用してある場合は，原則として原典どおりの表記としていますが，字体などの変更を行ったものや，濁点・句読点，ふりがな，下線，傍点などを補ったものがあります。引用の「　」内の〔　〕表記（小書き）は，著者による注であることを表します。

 その他

本シリーズの他の巻の判例を表す場合には，「〔物権〔第 2 版〕・判例 01〕」のように〔書名・判例番号〕を示しました。また，有斐閣『民法判例百選 I・II〔第 9 版〕』の引用は，「百選 I−1」のように巻の番号と項目番号のみを表示しています。

債権総論の全体像

債権とは

　民法は，共通するルールを「総則」としてくくりだし，その後に個別のルールである「各則」を配置する，そして，財産にまつわる法・権利を「物権」と「債権」の2つに大別して規定する，という方式（これをパンデクテン方式という）で体系化されている。では，物権と債権はどのように定義され，どのような基準で区分されるのか。様々な捉え方があってひと言で説明するのは難しいが，物権とは「人が物を直接に支配する権利」，債権とは「人が他人に対して特定の行為を請求する権利」という見方ができる。

債権総論で扱う内容

　本書が扱う債権総論は，債権にまつわるルールを扱う債権法のなかで共通するものをまとめた，民法第3編第1章の「債権総則」を対象とするものである。第2章以下の債権各則は，債権の発生原因ごとに章立てがされ，それぞれから生じる各債権に特有の効力などが規律されている。一方，債権総則では，発生した債権が，どのような一般的効力をもち，どのように消滅していくのか，といったことが規律されている。

　債権総論は，多種多様な取引の基礎をなすルールを扱うものであり，また，金融取引で担保手段となる諸制度も盛り込まれていたりと，現代取引社会において重要な役割を担うものとなっている。

　ところで，平成29（2017）年の債権法改正では，債権総論の条文にもさまざまな変更があった。これまでの判例の集積を明文化したもの，判例とは異なるルールを定めたものなど，変更の趣旨はそれぞれに異なる。本書では，この改正によって，判例の意義がどう変わったのか，という観点からも解説をしていく。

債権総論の全体像

　以下で，債権総論（民法第3編第1章「債権総則」）の全体像を，本書の構成とともに概観してみよう。

(1) 債権の目的

　「第1節　債権の目的」には，債権の種類ごとにその目的（内容）を示す規定が置かれている。契約から生じる債権は契約の解釈によって内容が定まるが，契約解釈で明らかにできない部分を補うのにこれらの規定が用いられる。Chapter I では，債権の意義を考える契機となる判例，第1節に関わる判例を取り上げる。

(2) 債権の効力①——債務不履行の責任等

　債権の効力として重要なのは，債務者が任意に債務を履行しないときに債権者がどのような手段をとれるか，という点にある。中心に位置するのは，債務不履行により債権者が被った損害を債務者に賠償請求できるということであり，多くの判例によって解釈準則が形成されてきた。Chapter II では，この損害賠償請求をはじめ，「第2節　債権の効力」の「第1款　債務不履行の責任等」に収められた諸規定に関わる判例を扱う。

(3) 債権の効力②——責任財産の保全

　債務者に債務を履行させようとしても，債務者に十分な財産がなければ，債権者は債権の内容を実現させることができない。そこで，債権者が，自らの債権の実現を確保するため，債務者の財産に一定のコントロールを及ぼせるようにした制度がある。それが，第2節の「第2款　債権者代位権」と「第3款　詐害行

為取消権」である。**Chapter Ⅲ**では，債権法改正で新設された規定との関係もふまえつつ，判例を解説する。

(4) 多数当事者の債権および債務

　たとえば，3人が共同で家を購入したときの売買代金債務や，共同で銀行から融資を受けたときの貸金債務においては，複数の者が債務者となる。「第3節　多数当事者の債権及び債務」には，このように債権者や債務者が多数となる場合のルールがまとめられており，そのなかには，債権回収の確実性を高めるための手段となる保証も規定されている。**Chapter Ⅳ**では，保証を中心に，同節に関連する判例をみていく。

(5) 当事者の変動

　債権者や債務者は途中で別の者に変わることもある。「債権の譲渡」（第4節）があれば債権者が変わるし，「債務の引受け」（第5節）があれば債務者が変わる。また，規定は契約法のなかに置かれているが，「契約当事者の地位の移転」（539条の2）も，債権の当事者に変更が生じる場合の1つである。これら債権者や債務者が変動する場合に関する判例を **Chapter Ⅴ** で扱う。

(6) 債権の消滅

　債権が消滅する原因については第6節にまとめられている。たとえば，債権の内容を実現する行為を「弁済」（第1款）といい，有効に弁済がされれば債権は消滅する。また，相手に対して有している債権どうしを打ち消し合って互いの債権を消滅させる「相殺」（第2款）は，担保としての機能を果たすこともある。**Chapter Ⅵ**では，債権の消滅原因のうち，弁済と相殺についての判例を取り上げる。

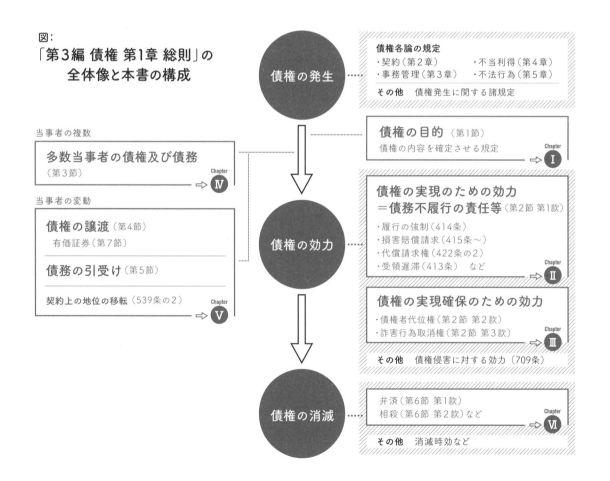

図：
「第3編 債権 第1章 総則」の
全体像と本書の構成

本章で学ぶこと

1. 債権の意義
2. 債権の目的

債権の意義・目的

　本書では債権法を学ぶわけだが，そもそも債権とはいったい何なのだろうか。残念ながら，民法の条文からその答えを知ることは難しい。民法には，「債権とは何か」を説明する規定はないからである。債権がどんな権利かを理解するためには，民法が定めるいろいろな制度を1つひとつ検討していかなければならない。

　本章では，はじめの1歩として，債権とはどのような権利なのか，債権をもっている人は何をすることができるのか（逆に，債務を負っている人は何をしなければならないのか）といったことを理解するのに役立つ判例を紹介しよう。採り上げる2つの判決は，どちらも契約に関するものだから，判決を読むときには，「契約を結ぶと，どんな効果が生じるのか」という意識をもつと，イメージがつかみやすいだろう。

　まず，「債権の意義」では，債権の最も基本的な性格を確認するために，契約はなぜ債権を生じさせるのか，債権にはどんな法的効力があるのかといった問題を扱った判例を学ぶ（I-1）。

　次に，「債権の目的」では，「物を引き渡してもらう」という債権を素材として，契約を結んでから物が引き渡されるまでの間に，当事者が具体的に何をしなければならないのかを検討しよう（I-2）。

Contents

Introduction

債権の意義

> こんにちは，エンピツくんです。憲法や刑法でもおなじみの僕だけど，民法では出番が少なめなんだ。民法でも＼Point／って叫びたかったのに，がっかりだよ。これでは約束が違うって，有斐閣さんを訴えられないかなあ……。

100万円を支払え！

1. 債権は，どんな権利なのか？

債権総論は，債権をもっていると何ができるかを定めたルールである。用語の説明も兼ねて，はじめに債権の基本的なしくみを確認しておこう。

債権は，「ある人（＝債権者）が，他の人（＝債務者）に対して，何かをしてくれるよう求める権利」である。裏からみれば，「債務者は，債権者に対して何かをしてあげる義務（＝債務）を負っている」[*1]といってもよい。

たとえば，Aが，Bに対して，「100万円の支払を求める債権」をもっているとしよう。Aは何ができるのだろうか。債権に備わる「力」には，次のものがある。

① Aは，Bに対して，100万円を支払うよう求めることができる（請求力）。

② ①の効力があることを前提に，Aは，Bが支払に応じないときは，裁判所に訴えて，100万円の支払を命じる判決をもらうこともできる[*2]（訴求力）。さらに，この判決をもとに，強制執行手続によって100万円を取り立てることもできる（執行力）。

③ 以上の結果，BがAに対して100万円を支払ったときは，「債務の弁済」として扱われる。これによって，Aは，受け取った100万円を自分のものにすることができる（給付保持力）。

2.「契約から債権が発生する」ということの意味

こうして債権のしくみだけを取り出してみても，話が抽象的でイメージが湧かないかもしれない。そこで，以下ではまず，「契約」に基づいて発生する債権に注目して[*3]，債権の基本的なしくみを具体的に学んでみたい。

契約と聞いて，どんなイメージをもつだろうか。辞書では，「約束をかわすこと。また，その約束」などと説明されている。けれども，民法がいう契約は，ただの約束ではない。契約には，約束を守ってもらうための法的な後ろ盾が用意されているのである。［判例 **01**］では，その役割を果たすのが「債権」だということを明らかにしよう。

*1｜ この点で，債権のしくみは，物権のしくみとは違っている。物権は，「人」ではなく，「物」に対する権利だからである。

*2｜ 有斐閣さんがエンピツくんに対して「エンピツくんを登場させる」という債務を負っているならば，エンピツくんは，有斐閣さんを訴えて出番を増やしてもらえる可能性があるわけである。

*3｜ 契約に注目するのは，債権の発生原因として最も典型的なものだからである。六法を開いて，民法の目次を見ると，契約に関する条文の数が圧倒的に多いことがわかるだろう。

01 債権の意義

カフェー丸玉事件

大審院昭和10年4月25日判決（法律新聞3835号5頁）

事案をみてみよう

　Y（男）は，大阪・道頓堀の「カフェー丸玉」に4か月あまり通ううちに女給Xのことが気に入り，Xとよい関係になりたいと考えて，Xの「独立自活」の資金として400円[*1]を贈与するなどと約束したうえ，準消費貸借[*2]の証書まで取り交わした。

　ところが，後日，XがYに対して約束どおりに400円を支払うように求めたところ，Yは，「この贈与は有効に成立しておらず，これを前提として取り交わされた準消費貸借も有効に成立していない」といってこれを断った。カフェーのようなお遊びを目的とする場所では，気に入った女給の気を引くために「お金をあげる」などと軽口を叩くのはよくあることだし，そもそも行きずりの人に大金を与えるなどということは，社会常識からみて考えられないというのである。

☑ 読み解きポイント

　YがXにした約束は，法的な強制力の備わった約束で，完全な債権を発生させるものだといえるだろうか。もしそうであれば，Xは，Yに対して，400円の支払を求める権利をもっているはずである。反対に，そうでなければ，Xには400円の支払を求める権利はなく，約束を破られたとしても「ただ運が悪かった」だけということになってしまう。

判決文を読んでみよう

　「YがXと昵懇と為りしと云ふは，Xが女給を勤め居りし『カフェー』に於て比較的短期間同人と遊興したる関係に過ぎずして，他に深き縁故あるに非ず。然らば，斯る環境裡に於て縦しや一時の興に乗じXの歓心を買はんが為め判示の如き相当多額なる金員の供与を諾約することあるも，之を以てXに裁判上の請求権を付与する趣旨に出でたるものと速断するは相当ならず，[*3]寧ろ，斯る事情の下に於ける諾約は諾約者が自ら進で之を履行するときは債務の弁済たることを失はざらむも，要約者に於て之が履行を強要することを得ざる特殊の債務関係を生ずるものと解す」べきである。

*1｜ 時代背景

カフェーというのは，いまでいう「カフェ」ではなく，女性が客席に付いて接待しつつ酒などを飲む場所である。女給とは，接待をするこの女性のことである。

女給の収入の額はまちまちだったようだが，昭和5年当時の平均月収は30円から35円くらいであったという調査がある（大林宗嗣『女給生活の新研究』〔巌松堂書店，1932年〕97頁以下）。400円というのは，平均的な女給の年収くらいの額だったのだろう。

*2｜

準消費貸借とは，すでに発生している債務を承認して，お金の貸し借りのかたちにまとめる契約をいう（588条）。本件に即していえば，贈与があったことを前提として，YがXに対して400円を支払う義務があることを確認し，証書を作成したというわけである。

*4 |

ただし,贈与は,書面によらずにしたときは解除することができる(550条。[債権各論・判例07]を参照)。本件でも,口約束だけの贈与だったならば解除することもできたわけだが,Yは,準消費貸借に応じ,しかも,改めて書面まで作成していたのである。

*5 |

債務者が約束どおりに債務を履行すれば,債権は消滅する。これを弁済という。
弁済については,Ⅵ-1のIntroduction(p. 108)を参照。

*6 |

債権は,時効によって消滅する(166条1項)。けれども,債務者が時効の完成を知らずにその債務の弁済をしたときは,有効な弁済として扱われる(145条も参照)。つまり,渡してしまったお金を返せとはいえなくなるのである。

⇩　この判決が示したこと　⇩

XがYに対して取得した債権は,「Yが任意に履行すれば弁済にはなるが,Xから強制することはできない」という不完全な効力しかもたないとされた。

解説

Ⅰ. 債権の発生とそのはたらき

債権が発生する原因はいろいろあるが,代表的なのは契約である。本件で問題となった「400円をあげよう」というXY間の約束は,贈与契約(549条)にあたる。

贈与契約が締結されると,Xは,Yに対して,400円を渡すよう求めることができる。この場合の「400円を支払え」という主張のように,債務者に対して一定の行為を求めることができるのが,債権の主な効力である。

債権は,原則として,4つの「力」(請求力・訴求力・執行力・給付保持力。p. 4)をすべて備えている。ところが,本件では,XY間の合意から生じた債権が,果たして訴求力を備えたものであったのかが問題となった。そして,本判決は,YがXに対して取得した債権には,給付保持力はあるものの,訴求力はないとした。つまり,Xは,Yが400円を払ってくれれば(「弁済」してくれれば)それを受け取って自分のものにすることはできるけれども,400円を支払うように自分から訴えることはできないというわけである。〔判決文を読んでみよう〕の下線部は,そう述べている。

以上のように,訴求力をもたない債権関係は,講学上,「自然債務」とよばれる(これに対して,自然「債権」という言葉はない)。その種の債務の例として,民法は,時効にかかってしまった債務などを想定しているが,本判決は,当事者の契約によって自然債務が発生する場合があることを認めたものだといえる。

もっとも,学説では,自然債務という概念を使うことには批判も強い。請求力や訴求力が認められない理由には様々なものがあるから,それらをひとくくりにして自然債務とよんでも混乱を招くだけだというのである。

Ⅱ. 強制力のある法律関係

1 ▸▸ 自然債務という説明は必要か?

本件では,果たして自然債務という理屈をもち出す必要があったのだろうか。Xがもつ債権について訴求力が否定されたのは,本判決によれば,Yがした約束が「裁判での取立てに応じるつもりはない」という内容だったからである。そうであれば,本件の最大のポイントは,当事者が何を合意したかという点にあるはずである。

この観点からみると,本件では,「400円を贈与しよう」という真摯な意思がYにはなかったのだから,そもそも法的拘束力のある契約は成立していなかったとみる余地がある。また,かりに契約は成立していたとしても,心裡留保で無効であった(93条1項ただし書)と考える余地もあろう。今日の学説では,このように,本件では契約が有効に成立していなかったと考えるものがむしろ有力である。どのような権利が

発生するかは合意によって決まるのだから，Y が X に対して 400 円を支払わなければならないかどうかも，合意の内容を吟味することによって明らかになるはずだというわけである。そうすると，本件でも自然債務などという理屈をわざわざもち出す必要はなさそうである。

2 ▸▸ 契約が有効に成立していないとすると，どうなるか？

少し脇道にそれるが，学説がいうように，そもそも契約が有効に成立しなかったとすればどうなるかも考えておこう。図表には，債権の原則（図表 A），自然債務の場合（図表 B），契約が成立していない場合（図表 C）の結論を示してある。

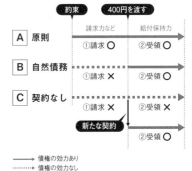

契約が存在しなければ，X に 400 円を支払うという Y の債務も存在しない（図表 C）。債務が存在しないことの結果として大事な点は，2 つある。第 1 に，X は，Y に対して 400 円の支払を求めることができない（図表 C①）。これは，自然債務の場合と同じである（図表 B①）。第 2 に，Y が自発的に 400 円を支払っても，X に対する債務の弁済にはならない（図表 C②上段）。自然債務の場合（図表 B②）との違いは，この点に現れる。

そうすると，「契約がなければ，かりに Y が 400 円の支払に応じたとしても，X はこれを受け取ることができない」といえそうである。しかし，それは早合点である。Y が自分から 400 円を渡したならば，その時点では「400 円をあげよう」という意思を Y に対して表示している。つまり，400 円を渡した時に，新たに贈与契約が成立するのである（図表 C②下段）。したがって，「Y が任意に 400 円を支払った場合にだけ，X が 400 円を得ることができる」という本判決の結論は，「そもそも契約は存在しない」という考え方からも導き出すことができる。

3 ▸▸ 合意の認定の難しさ

本件の検討に戻ろう。自然債務という理屈をもち出すとしても，X の請求が認められるかを判断するためには，XY 間の合意の内容を吟味しなければならない。しかし，実は，これはかなり微妙な問題である。

本判決の結論は，「破棄差戻し」である。つまり，XY 間の合意の趣旨が不明瞭であるとして，その点を明らかにするために控訴審をやり直すようにと命じたのである。そこで，差戻し後の控訴審ではこの合意の内容が精査されたのだが，その結果，Y は X に対して 400 円を支払わなければならないとされた（大阪地判昭和 11・3・24 法律新聞 3973 号 5 頁）。

本判決と評価が分かれた理由は，贈与に至った経緯の捉え方にあったようにみえる。差戻し後の控訴審では，Y は，下心があって贈与を申し出たわけではなく，X の身の上に同情したために，独立の手助けをしてあげようと考えたのだと判断されている。契約をめぐる問題では，このように，当事者の意思をどのように理解するかによって裁判の結論が大きく左右されることに注意が必要である。[7]

*7｜
つまるところ，お酒の席だからといって無責任な約束をするのは危険である。

第三者による債権侵害

1. 債権は，どんな権利なのか？

　1件の判決をみただけで早くも「もう一歩先」になってしまって申し訳ないのだが，［判例 **01**］とは異なる観点から「債権の意義」を明らかにする事例を紹介したい。

　すでに確認したとおり，債権者は，債務者に対して，何かをしてくれるように求めることができる。これが債権の効力である。ここで大事なのは，債権の効力を主張する相手方が「債務者」に限られることである。

　たとえば，Aが，書家Bに対して，「書の制作を求める債権」をもっているとする。この例で，Aが制作を求めることができるのは，債務者Bである。Bが書を制作をしないならば，Aは，Bの責任を追及するほかない。

　それでは，CがBをそそのかして作品を作らないように仕向けたときはどうか。その場合にも，Aは，制作をしないBの責任を追及することはできる。これに対して，第三者であるCに対しては，何も請求することができないのだろうか。

2. 債権を侵害することが許されるのか？

　債権の効力を主張する相手方が「債務者」に限られるというのは，この例で書の制作を求めることができる相手はBだけだということである。Aは，Cに作品づくりを求めることはできない。とはいえ，Cも，Bによる制作を妨げてよいわけではない。

　大判大正4・3・10刑録21輯279頁（百選II-15）は，第三者による債権侵害が不法行為となるとした。本件は，債務者による背任に第三者が加担した事案であったが，判決は次のように述べた。「債権は特定の人に対し特定の行為を要求する権利を云ふものなるが故に債権者は特定の債務者に対してのみ其行為を要求することを得べく債務者以外の第三者は毫も其要求に応ずるの義務なきことは言を俟たざる所」である。しかし，「凡そ権利なるものは……其権利を侵害せしめざるの対世的効力を有し何人たりとも之を侵害することを得ざるの消極的義務を負担する」のであり，「此対世的権利不可侵の効力は実に権利の通有性にして独り債権に於てのみ之が除外例を為すものにあらざるなり」。

　判決のポイントは，こうである。債権の効力は，債務者に対してしか主張することができない。しかし，債権を含め，あらゆる権利には「不可侵性」があるから，第三者が債権の実現を妨げることは許されない。

　ここで「許されない」というのは，第三者の行為が不法行為（709条）になるという意味である。つまり，この問題は，不法行為の問題として（より正確にいえば，709条が定める「権利又は法律上保護される利益」としての債権がどのように保護されるかという問題として）検討されなければならない。

3. 債権に基づく妨害排除請求

　さらに，第三者による債権侵害に対して，債権者が妨害の排除を請求することができるかという問題もある。

　債権と区別されるのは，物権である。物権は，物を直接に支配する権利だから，その支配を妨げる者に対しては妨害の排除を求めることができる。民法に規定はないが，判例はこれを認めてきた（大判昭和12・11・19民集16巻1881頁〔百選I-46〕〔物権〔第2版〕・判例 **01**〕）。たとえば，所有権に基づいて土地を使用する者は，これを妨げる者に対して立退きを求めることができる。

　これに対して，債権の効力は，あくまでも債務者の行為を通じて実現されるから，債権が侵害されたからといって，その妨害を排除することは当然には認められないと考えられてきた。最判昭和28・12・14民集7巻12号1401頁は，「債権者は直接第三者に対して債権の内容に応ずる法律的効力を及ぼし第三者の行動の自由を制限することを得ないのを本則とする」とし，損害賠償の請求を認めることができる場合であっても，「直接妨害排除等の請求を為し得べきものとすることはできない」とする。債権に基づいて土地を使用する者は，これを妨げる者に対して立退きを求めることは原則としてできないというわけである。

　ただし，判例は，賃貸借が対抗要件（605条のほか，借地借家法10条，31条）を備えたときは，賃借権という債権の侵害を理由とする妨害排除請求が認められるとしてきた（最判昭和30・4・5民集9巻4号431頁）。現行法は，このことを明らかにしている（605条の4）。もっとも，賃貸借が対抗要件を備えた場合に，賃借権に基づく妨害排除請求が認められるのはなぜなのか，ほかの債権が侵害された場合はどう考えるかといった点については，理論的にはなお検討の余地がある。

Introduction

2

債権の目的

> 同じクラスの赤エンピツ[*1]くんが粉砕骨折して入院したから，日本製の鉛筆を持って励ましに行こうと思ったんだ。でも，病院で包みを開けたら，ドイツ製の鉛筆だったんだよ。いや，Stift くんじゃないんだから！　それで，あとで文具屋さんに文句を言ったんだけど，「ドイツ製だって一流品じゃないか」って，けんもほろろの対応さ。「日本製」だって，ちゃんと言うべきだったよ！

1. 債権があると，「何を」することができるのか？

すでにみたように，債権は，「ある人（＝債権者）が，他の人（＝債務者）に対して有する権利」である。本章では，他の人に対して「何を」求めることができるかを学ぶ。タイトルにある「債権の目的」とは，この「何を」を意味する言葉である[*2]。

〔判例 01〕では，約束を守るように求めることが債権のはたらきであることを確認した。もう少し分析すると，債権とは，約束した「行為」を相手方に対して求めることができる権利である。つまり，債権の目的は，債務者の行為である。そして，債務者がなすべきこの行為のことを「給付」という。

以下では，契約が結ばれる場面に引き続き注目して，債権の目的について学びたい。典型的なケースとして，「物を引き渡す」という給付を合意した場面を考えてみよう。

2. 物を引き渡すという給付

ひとくちに「物を引き渡す」といっても，債務者が何をすべきかは，引き渡す物が何かによって変わる。民法は，大きく2つのものを区別している。

1つめの例。「玉村霽山の書」を50万円で買ったとする。この場合には，当事者は，書ならば何でもよいと考えたわけではなく，「まさにこの書」を売買しようと考えている。このように，当事者がその個性に着目した物のことを特定物という。

2つめの例。「HBの鉛筆1ダース」を買った場合はどうか。この場合には，鉛筆の種類だけが指定されており，どれを渡すかは重要ではない。このように，その種類だけで引き渡すべき物が指定された物のことを種類物という。〔判例 02〕は，種類物をめぐる取扱いが問題となった事例である。

*1|
上田健介ほか『憲法判例50！』（有斐閣，第3版，2023年）116頁。

*2|
英文法などで勉強した「目的」語と同じ意味の「目的」である。

*3|
福井県鯖江市出身の書家（1939〜2016）。

債権の目的

漁業用タール事件

最高裁昭和30年10月18日判決（民集9巻11号1642頁）　　　▶百選Ⅱ-1

*1｜漁業用タール
「漁業用タール」の用途
としては，漁網の染料と
することが考えられる。
昔は，麻などの天然素材
が漁網の材料として用
いられたため，腐蝕を防
ぐために染料が用いら
れた。タールは，その主
要な材料の一つであった
（伊吹群作編『改訂増
補　漁網集覧』〔左文
字書店，1948年〕43頁
以下を参照）。しかし，昭
和28年にいわゆる「合
成繊維産業育成5か年
計画」が策定されたこと
もあって，昭和30年頃か
らは，漁網の素材として
も，腐蝕に強い合成繊維
（化学繊維）の使用が急
増したようである（谷巌
『漁網工業近代史』〔日
本合成繊維網協会，
1963年〕を参照）。

事案をみてみよう

　Xは，Yから，漁業用タール[*1]2000トンを49万5000円で購入した。このタールは，Yが Aから購入したものであり，Aのため池に保管されていた。XとYとの間では，タールの引渡しは，①Xが，必要の都度，Yに対して引渡しを申し出る，②これを受けたYが引渡場所を指定して，そこにXがタールを入れるドラム缶を持参して受領する，という方法で行うこととされ，昭和22年1月末日までにはすべてのタールを引き取ることが取り決められた。

　こうして代金10万7500円に相当するタールは無事に引き渡されたが，そのうち，Xは，「品質が悪い」と主張して引取りを拒絶するようになった。Yは，その間もタールを保管して引き渡すために必要な人員を配置し，引渡しの準備をしていたが，Xがいつまでも引き取りに来ないので人員を引き揚げたところ，Aの労働組合員が処分してしまったため，タールは滅失した。

　そこで，Xは，Yがタールの保管を怠って滅失させたのだから契約を解除すると主張し，すでに支払った代金の返還を求めた。原審は，Xのこの主張を認めた。Yは，タールを引き渡すために必要な行為を完了したのだから，目的物の特定が生じた。したがって，以後，Yは，善良な管理者の注意を尽くしてタールを保管する責任を負っていた。それにもかかわらず，Yは，この注意を尽くさずにタールを滅失させたのだから，Yの債務不履行が認められるとしたのである。

☑ **読み解きポイント**

① Xは，「品質が悪い」といってタールの引取りを拒絶している。けれども，わざわざ「Aのため池にあるタール」を売った以上，「品質はともかく，とにかくAのため池にあるタールを売る」という趣旨で合意をしていたと理解するのが自然ではないだろうか。「Aのため池にあるタール」という合意がいったい何を意味するかが，ここでの問題である。

② Xは，Yがタールの保管を怠ったと主張しているが，そもそもYはタールを保管する義務を負っていたのだろうか。タールを保管するというからには，「このタールをXに渡す」ということが決まっていなければならない。つまり，債権の目的物が特定していなければならないのである。原審はこれを認めたわけだが，果たしてそういえるのだろうか。

📖 判決文を読んでみよう

本判決は，次の2点についてさらに審理を尽くす必要があるとして，原判決を破棄して差し戻した。

① まず，タールの引渡しを求めるXの債権の性質を明らかにしなければならない。「売買契約から生じた買主たるXの債権が，……通常の種類債権であるとすれば，特別の事情のない限り，原審の認定した如き履行不能ということは起らない筈であり，これに反して，<u>制限種類債権であるとするならば，履行不能となりうる代りには，目的物の良否は普通問題とはならない</u>」からである。^{*2}

② 特定が生じるためには，「債務者が物の給付をするのに必要な行為を完了」したことが必要である（401条2項）。しかし，「如何なる事実を以て『債務者が物の給付を為すに必要なる行為を完了し』たものとするのか，原判文からはこれを窺うことができない。論旨も指摘する如く，本件目的物中未引渡の部分につき，<u>Yが言語上の提供をしたからと云って，物の給付を為すに必要な行為を完了したことにならない</u>ことは明らかであろう。従って本件の目的物が叙上いずれの種類債権に属するとしても，原判示事実によってはいまだ特定したとは云えない筋合であって」，Yが目的物であるタールを管理する義務を負っていたとはいえない。

> ⬇ **この判決が示したこと** ⬇
>
> 本判決は，「Aのため池にあるタール」と取り決めた趣旨が不明確だから，この点を見極めるために，さらに控訴審での検討が必要だとした（①）。Xの債権が「通常の種類債権」と「制限種類債権」のどちらであるかを明らかにせよというのである。
> また，②では，引渡しの準備をして，タールを引き取りに来るようXに求めただけでは，Yが「物の給付をするのに必要な行為を完了」した（401条2項）とはいえず，「このタールを引き渡す」という状態にはなっていないとした。

☝ 解説

I. 特定物債権・種類債権・制限種類債権

1 ▸▸ 特定物と種類物

特定物と種類物を区別する意義は，どこにあるのだろうか。判決を検討する前に，**Introduction**（p.9）で触れた2つの設例をふり返って整理しておこう。

まず，芸術作品のような特定物を買ったときは，その物を引き渡してもらわなければ意味がない。その物が滅失してしまえば，引渡しはもはや不可能である（履行不能）。だから，債務者は，物が滅失しないように注意深く保管しなければならない（400条）。^{*3}また，その物を引き渡すというからには，たとえば作品にシミや破れがあっても，「品質が悪い」といって別の物に取り替えてもらうことは，普通はできない。^{*4}

これに対して，種類物は代わりがきく。たとえば，店にある鉛筆が折れてしまっても，別の鉛筆を調達してくればよい。だから，債務者が目的物をちゃんと保管してい

たかどうかは重要ではない。その代わり，契約で定めた品質を備えた物か，定めがなければ「中等の品質」の物を渡さなければならない（401条1項）。

2 ▸▸ 種類物も，いつまでも種類物のままではない

とはいえ，種類物の売買といっても，最終的に物を渡す時には，引き渡すべき「この鉛筆1ダース」を決めなければならない。このように，債権者に引き渡すべき「この物」を決めることを，特定という。

特定が生じると，種類物も特定物として扱われる。具体的には，その物が滅失したときは，引渡しは履行不能になる。つまり，債務者は，その鉛筆が折れてしまっても，代わりの鉛筆を調達する義務を負わない。このように，債務者が再度の調達義務を負うかどうかに違いが生じる点に，特定を論じることの意味がある。

Ⅱ．制限種類債権

ところが，現実には，特定物と種類物の区別にすっきりと収まらないケースもある。〔読み解きポイント〕①は，この点にかかわる問題であった。

本件で取引されたタールが種類物であれば，Yは，中等の品質を備えたタールをXに引き渡さなければならない。Xは，このような前提に立って，Yが提供したタールは中等の品質を満たしていなかったと主張した。

しかし，本件には微妙な事情があった。Xが買ったのは，「Aのため池にあるタール」である。この取決めが，Yが引き渡すべきタールを「Aのため池にある」ものに限定する趣旨だったとすれば，〔判決文を読んでみよう〕①にあるとおり，Yとしては，とにかくAのため池にあるタールを引き渡せばよいわけである。このように，種類物にさらに何らかの制限を加えた物を目的とする債権のことを制限種類債権という。そして，その場合には，たとえタールが粗悪なものであったとしても，Xは何も言えないこととなる。

タールの引渡しを求める債権が制限種類債権かどうかは，契約の趣旨に照らして決まる。本判決は，原審ではこの点が十分に審理されなかったと判断したのである。[*5]

Ⅲ．どうすれば特定が生じるのか？

Xの請求が認められるためには，さらに問題がある。本件ではため池のタールが滅失してしまっている。しかし，もしまだ特定が生じていなかったとすれば，Yは，代わりのタールを調達してくればよいのだから，わざわざため池のタールを保管する必要はない。〔読み解きポイント〕②は，この問題にかかわる。

本判決は，〔判決文を読んでみよう〕②の下線部で，「言語上の提供」[*6]，つまりタールを引き渡せるよう準備を整えてXに引取りを促すだけでは，「債務者が物の給付をするのに必要な行為を完了し」た（401条2項）とはいえず，特定は生じないとした。もっとも，それ以上にYが何をすべきかは，本判決では明らかにされていない。この点につき，多くの学説は，債権者が一定の場所まで目的物を引き取りに行かなければならない場合には，債務者は，債権者に引き渡すべき物を分離したうえで，これを引き取るように債権者に通知をする必要があるとしてきた。

*5｜
その後，差戻控訴審判決（札幌高函館支判昭和37・5・29高民集15巻4号282頁）では，タールの引渡しを目的とする債権は制限種類債権であったと認定されている。

*6｜言語上の提供
口頭の提供ともいう（そういうほうが，現在ではむしろ普通である）。これに対して，債権者のもとに出向いて引渡しに必要な行為をすることを，現実の提供という。どちらも弁済に関して問題となる事柄であり，Chapter Ⅱ-3で学ぶ。

債務不履行の責任等

Chapter Ⅰ では，契約が結ばれる場面に注目して，債権の意義と効力をみた。Chapter Ⅱ では，債務が約束どおりに履行されない場合の問題を学ぶ。

債務者が自分から債務を履行しないときには，債権者は，債権の実現を強制することができるほか（414条），履行がされないせいで生じた損害の賠償（415条）を求めて債務者の責任を追及することができる。Chapter Ⅱ のメインは，損害賠償にかかわる判例である。どのような問題が扱われるかを，簡単に整理しておこう。

まず，「損害賠償の要件」では，どのような要件を満たしたときに損害賠償を請求することができるのかを，4件の判例を通じて確認する（Ⅱ-1）。

次に，「損害賠償の範囲」では，2件の判例を通じて，どのような損害が賠償されるのかを具体的に学ぶ。そのほか，債権法改正で新たに条文が設けられた「代償請求権」にかかわる判決にも，ここで注目しておきたい（Ⅱ-2）。

これに対して，債務者が約束どおりに債務を履行しようとしたのに，債権者がそれを受け取ってくれないこともある。「受領遅滞・弁済の提供」では，こうした場面で生じる問題を掘り下げてみよう（Ⅱ-3）。

Contents

Introduction

損害賠償の要件

シャーペンくん[*1]ったら，僕が貸してあげたロケット鉛筆をなくしたって言うんだ。僕の宝物なのに，信じられないよ。弁償してもらわなくっちゃ！

*1|
p. viiiを参照。

*2|
比較のために，債権法改正前の415条を掲げておく。
「債務者がその債務の本旨に従った履行をしないときは，債権者は，これによって生じた損害の賠償を請求することができる。債務者の責めに帰すべき事由によって履行をすることができなくなったときも，同様とする。」

*3|
ただし書等，条文のしくみについては，法制執務用語研究会『条文の読み方』（有斐閣，2012年）を参照。

*4|
「契約の中身は，契約書をみれば全部わかる」というわけではない。書かれている内容が不明確だったり，肝心な点が書かれていなかったりするときは，趣旨を明確にしたり，欠けている内容を補ったりする必要がある（契約の解釈）。その結果，契約書に書かれていない当事者の意思が明らかになれば，それも含めて契約の内容が認定されるのである。

1. 民法の条文

はじめに，II-1で学ぶ問題について定めた415条1項を確認しておこう。[*2]

> 債務者がその債務の本旨に従った履行をしないとき又は債務の履行が不能であるときは，債権者は，これによって生じた損害の賠償を請求することができる。ただし，その債務の不履行が契約その他の債務の発生原因及び取引上の社会通念に照らして債務者の責めに帰することができない事由によるものであるときは，この限りでない。

この条文は，債務不履行に基づく損害賠償請求の要件を定めている。これを読むと，まず，債務不履行とは，①「債務の本旨に従った履行をしない」か「債務の履行が不能である」場合だということがわかるだろう。そのどちらかにあてはまるときは，「損害の賠償を請求することができる」というわけである。

次に，「ただし……」で始まる一文（「ただし書」という）に注目しよう。[*3]②「債務者の責めに帰することができない事由」（かつては「責めに帰すべき事由」を略して「帰責事由」とよんでいた〔p. 22〕）があるときには，債務者は責任を負わない。法的な責任を負わされる者には，それに見合った理由がなければならないのである。

2. 本書で学ぶ判決

これから学ぶ4件の判例は，損害賠償の要件に関するものである。

債務の「本旨」とは，「本来の趣旨」というほどの意味である。それならば，契約書に書かれたことをひととおり守ればよいのかというと，そう簡単ではない。隠された当事者の意思を探究したり，信義誠実の原則（1条2項）を適用することによって，契約書には書かれていない債務が課されることもあるからである。[*4]その場合には，それらの債務も遵守しなければ「本旨に従った履行」とはいえない。［判例03］，［判例04］では，この問題について考える。

これに続いて，［判例05］，［判例06］では，「債務者の責めに帰することができない事由」があるかどうかがどうやって判断されるのかをみていこう。

03 安全配慮義務

最高裁昭和50年2月25日判決（民集29巻2号143頁）　　　　　▶百選Ⅱ-2

事案をみてみよう

　自衛隊員であるAとBは，ともに武器隊車両整備工場に配属され，車両整備の仕事をしていた。昭和40年7月13日，整備工場内を大型自動車で走行していたBは，整備作業中だったAを誤ってひいてしまい，Aは即死した。

　この事故について，Y（国）は，国家公務員災害補償法15条に基づき，Aの遺族であるXに対して，遺族補償金として約80万円を支払った。この金額は，普通の自動車事故のケースの補償と比べてかなり低額であったが，Xは，自衛隊遺族会の会誌に掲載された記事や自衛官・事務官の説明を聞いて，「この事故について国から金銭を受ける方法は，遺族補償金以外にはない」と理解していた。

　ところが，後になって，Xは，Yに対して損害賠償請求をするという方法が実はあることを知った。そこで，昭和44年10月6日，Xは，次のように主張して，Yに対して損害賠償を求める訴えを起こした。Yは，公務員を一定の場所で働かせたり，一定の設備を使わせたりする場合には，仕事の過程で生命・健康に危険が生じないように注意し，環境を整備する義務（＝安全配慮義務）を負うはずである。本件では，Yがこの義務の履行を怠ったためにAの死亡事故が起こったのだから，Yは，損害賠償責任を負わなければならない。*1

*1
ここで，原審までの判断もふり返っておこう。第1審の段階では，Xは，不法行為を根拠として損害賠償を求め，国が時効を援用するのは権利濫用（1条3項）だと主張していた。しかし，第1審判決は権利濫用の主張を認めず，Xの損害賠償請求権は，XがAの死亡を知った日から数えて3年で時効にかかったとした。そこで，Xは，控訴審段階で安全配慮義務違反の主張を付け加えたのだが，原判決はこれを認めず，第1審判決の立場を支持したのであった。

☑ 読み解きポイント

① 本件事故の被害者であるAは自衛官であり，その相続人Xが国を相手取って訴えを提起している。国と自衛官との間の権利義務関係は，国家公務員法や自衛隊法によって定められているが，そこには，本件事故についてAが国から賠償金を得るための手がかりになるようなルールはない。国は，これらの法律に定められていないことについては，Aに対する義務を一切負わないのだろうか。

② かりに国が何らかの義務を負っていて，それに違反したと認められたとしても，さらに問題がある。損害賠償を求める「債権」の時効については，次の2つの定めがあったからである。
　ⓐ 債権は，10年で時効にかかる（改正前167条1項）。
　ⓑ 不法行為に基づく損害賠償の債権は，3年で時効にかかる（改正前724条前段）。
　事故から損害賠償の請求までの間に4年あまりが経っていた本件では，ⓑのルールが適用されると，Xの請求は認められないのである。

📖 判決文を読んでみよう

「国は，公務員に対し，国が公務遂行のために設置すべき場所，施設もしくは器具等の設置管理又は公務員が国もしくは上司の指示のもとに遂行する公務の管理にあたって，公務員の生命及び健康等を危険から保護するよう配慮すべき義務（以下「安全配慮義務」という。）を負っているものと解すべきであ」り，「<u>不法行為規範のもとにおいて私人に対しその生命，健康等を保護すべき義務を負っているほかは，いかなる場合においても公務員に対し安全配慮義務を負うものではないと解することはできない</u>。けだし，右のような安全配慮義務は，ある法律関係に基づいて特別な社会的接触の関係に入った当事者間において，当該法律関係の<u>付随義務[*2]</u>として当事者の一方又は<u>双方が相手方に対して信義則上負う義務として一般的に認められるべきものであって，国と公務員との間においても別異に解すべき論拠はな</u>」いからである。

⬇ **この判決が示したこと** ⬇

〔読み解きポイント〕①について，本判決は，法律によって定められるほかにも国が「安全配慮義務」を負うことがあるとした。国がこの義務に違反した結果，公務員が損害を被ったときには，公務員は，国に対して損害賠償を求めることができる。

〔読み解きポイント〕②はどうか。判決によれば，この義務の性質は「信義則上負う義務」であり，不法行為規範のもとで課される義務とは違うものだとされた。だから，本件では，3年での時効を定めた⑥のルールは適用されなかったのである。

☝ 解説

I. 「特別な社会的接触」から生じる債務の性質

安全配慮義務とは，広くは，他人の生命・身体・健康を危険から保護するように配慮する義務をいう。本判決は，国と公務員との間での安全配慮義務を扱ったものであるが，一般企業での労働事故等との関係でもこの義務が問題となることは少なくない（判例 03-A：最判昭和 59・4・10 民集 38 巻 6 号 557 頁。なお，労働契約法 5 条をも参照）。

ところで，これまでに扱ってきた判決では，契約に基づいて生じる債権の取扱いが論じられていた。しかし，本件の事案は，契約に基づいて債権が発生する場面ではない。国と自衛官との間には，民法上の契約関係はないからである。

このような場面で民法に基づく請求をするためには，まず，不法行為責任を追及することが考えられる。故意・過失によって他人の身体に侵害を加えた場合には，たとえ契約関係がなくても，それによって生じた損害を賠償しなければならないのである（709 条）。ところが，本件では，不法行為に基づく損害賠償請求権はすでに時効にかかっているという問題があった（改正前 724 条前段）。

以上の事情のもとで，本判決は，「ある法律関係に基づいて特別な社会的接触の関係に入った」ことをきっかけとして，信義則（1 条 2 項）に基づき，民法上の債務が発生する場合があるとした。本判決の特徴は，この債務の不履行を理由として Y の

左欄外注記

*2 | 付随義務

付随義務という言葉は様々なニュアンスで用いられるが，広くは，債務が本旨に従って履行されるように配慮する注意義務を意味する。ここでは，X が Y のもとで作業に従事するという目的の達成（＝債務の本旨に従った履行）に付随して，X に仕事をさせる Y の側に課される義務のことをいっている。

判例 03-A

Y の社屋内で夜間宿直中の X が，夜間出入口から入り込んだ強盗によって殺された事案。判決は，Y の安全配慮義務違反を認めた。宿直勤務の場所である本件社屋内に，宿直勤務中に強盗等が容易に侵入できないような物的設備を施したり，そのような施設を整備することが困難ならば宿直員を増員したりして，X の生命，身体に危険が及ばないように配慮する義務が Y にはあったと判断した。

*3 |

この点の事情は，判決文からは明らかではないが，本判決の「調査官解説」に記されている（柴田保幸・最高裁判所判例解説民事篇昭和 50 年度 60 頁）。

*4 |

本判決は債権法改正前の事案であるが，改正では，人の生命・身体を害

責任を認めた点にある。不法行為ではなくて債務不履行だから，損害賠償請求権はまだ時効にかかっていない（改正前167条1項）というのである。

こうして，ともかくも不法行為の枠に収まらない民法上の責任が生じうるとされたことで，被害者の権利は，なお時効にかからずに生きていたと認められることとなった。もっとも，この責任の性質は，はっきりしない。契約・不法行為のいずれに基づく責任でもない「第三の責任」だと考える見解も主張されてきたし，公法と私法の垣根を越えた，一般的な法原理に基づく義務だと説明されることもあった。

Ⅱ．国に対する債権の時効

なお，本件には，国に対する債権について5年の時効を定めた会計法30条が適用されるのではないかという問題もあった。少し事情が複雑だが，こういうことである。

*1で補足したように，Xは，当初，Yの不法行為責任を追及し，Yが消滅時効を援用（145条）するのは権利濫用（1条3項）だと主張していた。しかし，これがうまくいかなかったため，途中で訴訟戦略を変えて，新たに安全配慮義務違反の主張をした。ところが，この主張をしたのが事故から約7年後の昭和47年9月20日だったため，かりに国の安全配慮義務が認められるとしても，その時点では国に対する損害賠償請求権は5年の時効にかかっているのではないかという疑義が生じたのである。

本判決は，本件には会計法が定める5年の時効は適用されないとした。その理由は，こう説明されている。会計法が定める5年の時効は，行政上の事務の便宜と能率を考えて10年よりも短い期間を定めたものである。しかし，本件で問題となったのは，一般市民間でも起こるような事故だし，同種の事故が頻発して国の事務が滞る心配もないから，特に事務の便宜や能率を考慮する理由はない。だから，一般より短い5年の時効を適用する必要はないとされたのである。

Ⅲ．不法行為責任との違い

さて，本判決を読み解いてみて，「債務不履行」か「不法行為」かが争われる大きな理由のひとつが，時効期間の違いにあったことはわかっただろう。2つの責任の間には，そのほかにも，条文や解釈論で違いが認められている点がいろいろとある。債務不履行に基づく責任の主な特徴としては，近親者の慰謝料請求権が認められないこと（不法行為につき，711条），履行遅滞に陥るのは請求を受けた時であること（412条3項）等を指摘することができる。また，判例は，権利を行使するために負担した弁護士費用についても取扱いを区別している（不法行為につき，判例03-B：最判昭和44・2・27民集23巻2号441頁，債務不履行につき，判例03-C：最判令和3・1・22判時2496号3頁。ただし，安全配慮義務違反については，判例03-D：最判平成24・2・24判時2144号89頁）。

さらに，証明責任に関する違いも重要である。債務不履行を理由として損害賠償を請求する場合の証明責任については，〔判例05〕で学ぶ。

する不法行為による損害賠償請求権の消滅時効については，時効期間は，「損害及び加害者を知った時」から5年とされた（724条1号，724条の2）。他方で，債務不履行に基づく損害賠償の消滅時効期間は，「権利を行使することができることを知った時」から5年とされている（166条1項1号）。その結果，本件のようなケースでは，債務不履行・不法行為のどちらを主張するかで，時効期間に違いは生じないこととなった。

*5｜
不法行為に基づいて発生する損害賠償債務は，不法行為の時からただちに履行遅滞になると解されている（最判昭和37・9・4民集16巻9号1834頁）。

判例03-B
一般人が単独で十分な訴訟活動を展開することはほとんど不可能だという理由で，訴訟での権利擁護を余儀なくされた被害者は，訴訟のために委任した弁護士の費用を加害者に対して請求することができるとした。

判例03-C
売買契約に基づいて売主が負う債務は，契約の成立という事実によって一義的に確定されるものであると指摘して，買主は，その債務の履行を求めるための訴訟をするために弁護士に委任した場合でも，売主に対してその費用の賠償を請求することはできないとした。

判例03-D
安全配慮義務違反に基づく損害賠償については，債務不履行を根拠とする場合であっても，不法行為に基づく損害賠償と同様に，相手方に対して弁護士費用の賠償を請求することを認めた。

説明義務

最高裁平成23年4月22日判決（民集65巻3号1405頁）　　　　▶百選Ⅱ-4

事案をみてみよう

　Yは，Xに対して，500万円を出資するよう勧誘した。実をいえば，この勧誘を行った際には，すでにYの経営状態は思わしくなく，経営破綻のおそれがあったのだが，Yは，そのことを勧誘の際にXに説明しなかった。結局，Yの経営状況はその後も回復せず，平成12年12月16日にYの経営が破綻してしまったため，Xは，出資金の払戻しを受けられなくなってしまった。

　そこで，Xは，平成18年9月8日，Yに対して損害賠償を求める訴えを提起した。その理由は，こうである。Yは，経営破綻のおそれがあるにもかかわらず，そのことを説明しなかったが，これは説明義務違反である。そして，この義務違反は，不法行為責任ではなく，債務不履行責任を生じさせるものである。たしかに，Yによる説明義務違反があった時点では，XY間には契約関係は存在していなかった。けれども，契約関係に入るために交渉している当事者の間では，契約上の信義則が契約締結前の段階までさかのぼって支配すると考えるべきである。したがって，これに対する違反は，不法行為責任ではなく，債務不履行責任を生じさせるはずである。

> ☑ **読み解きポイント**
>
> 　本判決のポイントには，〔判例**03**〕とよく似たところがある。
> 　Xが，不法行為ではなく債務不履行責任を追及したのは，なぜだろうか。Yの経営が破綻した時点でXは「損害を知った」といえるから，不法行為に基づく損害賠償請求権は時効にかかっている（改正前724条前段）。しかし，債務不履行責任ならば，訴えを起こした時点では，まだ時効にかかっていないといえるのである（改正前167条1項）。
> 　もっとも，債務不履行があったと認められるためには，XY間に不履行のもととなる債権関係がなければならない。Yが説明をしなかったのは，XY間で契約が結ばれていない時点でのことだから，説明義務違反が「契約」に基づく債務の不履行になると考えるのは難しそうである。しかし，契約交渉の当事者どうしという「特別な社会的接触の関係」があると考えて，ある種の「付随義務」違反を検討する余地はありそうである。

＊1

最高裁は，別の原告が訴えを提起した同じ事案についての判決（最判平成23・4・22判時2116号61頁）のなかで，遅くとも平成13年末には「損害及び加害者を知った」といえるとの判断を示している。

判決文を読んでみよう

「契約の一方当事者が，当該契約の締結に先立ち，信義則上の説明義務に違反して，

当該契約を締結するか否かに関する判断に影響を及ぼすべき情報を相手方に提供しなかった場合には，上記一方当事者は，相手方が当該契約を締結したことにより被った損害につき，不法行為による賠償責任を負うことがあるのは格別，<u>当該契約上の債務の不履行による賠償責任を負うことはない</u>というべきである。

　なぜなら，上記のように，<u>一方当事者が信義則上の説明義務に違反したために，相手方が本来であれば締結しなかったはずの契約を締結するに至り，損害を被った場合には，後に締結された契約は，上記説明義務の違反によって生じた結果と位置付けられるのであって，上記説明義務をもって上記契約に基づいて生じた義務であるということは，それを契約上の本来的な債務というか付随義務というかにかかわらず，一種の背理であるといわざるを得ないからである。</u>契約締結の準備段階においても，信義則が当事者間の法律関係を規律し，信義則上の義務が発生するからといって，その義務が当然にその後に締結された契約に基づくものであるということにならないことはいうまでもない。」

⬇ **この判決が示したこと** ⬇

　契約の交渉関係にある当事者は，相手方に対し，契約を締結するかどうかを判断するのに必要な説明をする義務（説明義務。情報提供義務ということもある）を課されることがある。本判決は，このことを認めたうえで，そのような説明義務違反からは「契約上の債務の不履行による賠償責任」は生じないとした。

　その理由は，2つめの下線部分に示されている。Yの経営状況について説明を受ければ，Xは，おそらく契約を締結しなかっただろう。このように，契約の締結を思いとどまらせるような説明をすることをその契約によって義務づけられるというのは，奇妙ではないだろうか。本判決は，そのようなことは「背理」だと述べている。

解説

I. 説明義務違反に基づく責任の性質

　説明義務とは，文字どおり，一定の事項について説明をすべき義務をいう。本件でも問題となったように，契約交渉中の当事者は，契約を締結すべきかどうかを判断する際に重要な事実につき，信義則（1条2項）上，相手方に説明する義務を負うことがある。本来，その種の情報は，自分で調べて契約締結にのぞむべきである。しかし，たとえば素人が専門家と取引する場合のように，相手方からの説明を期待するのが合理的なときには，特に説明義務を負わされることがあるのである。

　ところで，契約締結に先立つ説明義務の問題は，「契約締結上の過失」に基づく責任という観点から議論されることも多い。契約の締結に向けて交渉を行う当事者は，互いに特に緊密な関係に入るから，相手方の利益を害しないよう配慮して行動する義務を負う。「契約締結上の過失」とは，このような義務に違反することをいう。本判決が問題とした説明義務違反の場合や，契約交渉を中途で不当に破棄した場合（**判例04-A**：最判昭和59・9・18判時1137号51頁〔百選II-3〕）などが，その代表例である。

判例04-A
医院の開設を検討していた歯科医師が，建物を購入するための交渉の際に，建物のスペースや電気容量について照会するなど，契約成立に乗り気な態度を示したが，結局，資金的に無理だからなどとして交渉を打ち切った。歯科医師の責任を認めた原判決を受けて，本判決も，「契約準備段階における信義則上の注意義務違反を理由とする損害賠償責任を肯定した原審の判断は，是認することができ」るとした（→〔もう一歩先へ〕〔p.26〕参照）。

それでは，そのような緊密な関係を生じさせる交渉当事者間の関係は，〔判例 03〕でみた「特別な社会的接触の関係」にあたるとはいえないだろうか。これが認められるならば，「契約締結上の過失」に基づく責任は，一種の債務不履行責任だと考えることができそうである。Xは，このような立場から訴えを提起したわけだが，本判決は，契約を締結するかどうかの判断に影響を及ぼすべき情報を提供しなかった場合の責任について，これを否定した。Xとしては，Yから経営破綻のおそれについての説明を受けたならば，出資はしなかったであろう。そのような説明が契約上の義務だとすると，「ある契約に基づいて，その契約の締結を阻止するような義務を負う」というおかしな結果になってしまうと，本判決は考えたのだとみられる。

II．「契約を締結するかどうか」以外に関する説明義務

　本判決では，契約を締結するかどうかの判断に関する説明をすべき義務が問題となったが，説明義務には違うタイプのものもある。たとえば，買った物の安全な使い方についての説明が求められる場面では，契約を結ぶかどうかを判断するための参考情報が問題となるわけではない（判例 04-B：最判平成 17・9・16 判時 1912 号 8 頁を参照）。いいかえれば，売主の説明を聞いたからといって，買主は，契約をさしひかえようと考えることはないだろう。ただ，売主がそのような知識についての説明を怠ったときには，買主は，購入した物を完全な仕方で使用することができなくなってしまう。つまり，そこでの問題は，「本来であれば締結しなかったはずの契約を締結した」ことにではなく，むしろ「購入した物が，契約で想定していたのとは違う不完全な物であった」ことにある。

　本判決は，あくまで契約を締結するかどうかの判断にかかわる説明義務を扱ったにすぎず，物の安全性等，目的物の性能や使い方に関する説明義務に違反した場合にまで，これを契約上の債務不履行の問題として扱う可能性を否定したものではない[*2]。したがって，上のようなケースでは，不法行為ではなく，信義則を理由として債務不履行責任を追及する余地がなお残されている[*3]。

III．本判決が及ぼす影響

　Iで述べたとおり，従来の学説は，説明義務違反を含む様々な問題を「契約締結上の過失」の問題として検討してきた。本判決は，「契約締結上の過失」とよばれてきた責任一般についてまで，これを債務不履行責任だとするのは「一種の背理である」と考えたのであろうか。本判決の考え方を徹底するならば，契約交渉の不当破棄に基づく責任も不法行為責任でしかありえないと考えることになりそうである（〔もう一歩先へ〕）。さらに，「契約締結上の過失」の外にまで本判決の考え方を及ぼしてみると，〔判例 03〕で問題となった安全配慮義務についても，「特別な社会的接触の関係」などという条文にない考え方をもち出すべきではないといえるかもしれない。これらの問題については，今後の検討が求められよう。

判例 04-B

マンションの居室の北側部分で火災が発生した際，防火戸のスイッチが入っていなかったためにこれが作動せず，南側部分も延焼してしまったことについて，防火戸の電源スイッチの位置，操作方法，作動のしくみ等について説明していなかったことの責任が問われた事案。判決は，売主と不動産販売会社につき，電源スイッチの位置，操作方法等について説明すべき義務があったとした。

*2｜

これら2つの説明義務は，次のように区別するとよいだろう。契約を締結するかどうかの判断にかかわる説明は，契約を締結する前に受けていなければ意味がない。契約を締結した後に説明を受けても，契約をしてしまった以上，もう後には引けないからである。これに対して，物の安全性等，目的物の性能や使い方に関する説明は，契約を締結した後に受けても役に立つ。それは，締結された契約を活かすために必要な説明なのである。

*3｜

本判決には補足意見がある。そこでは，本文に述べたように考える余地があることが示唆されている。

<table>
<tr><td>05</td><td>帰責（免責）事由と立証責任</td></tr>
</table>

最高裁昭和34年9月17日判決（民集13巻11号1412頁）

👓 事案をみてみよう

　Xは，Yから，「食堂コロンビヤ」の営業権，家屋賃借権，営業のための器具等を買い受けた（売買契約）。この食堂は，Zから家屋を賃借して経営されていたものであったが，Yは，Xに対して，売買契約を交わす際に，「家屋を使用させることについてはZの承諾を得ているから，すぐにでも営業を始めることができる」などと伝えていた。Xは，この説明を信じて食堂を始めるための準備を進めていたのだが，実は，Zはこの件について承諾してはいなかった。[*1] 結局，Zは，YがXに建物を貸すことを認めず，食堂が入っていた家屋を取り壊してしまったため，Xは，食堂を開くことができなくなってしまった。

　そこで，Xは，Yの債務不履行を理由として売買契約を解除し（542条1項1号），Yに支払った代金の返還を求めて，訴えを提起した。

✓ 読み解きポイント

　債務不履行に基づく責任を追及するためには，債務者に帰責事由がなければならない（415条1項ただし書）。それでは，この帰責事由は，どちらの当事者が立証しなければならないのだろうか。裁判は，証拠の裏づけに基づいて行われる。ということは，もし証拠を挙げる（＝立証する）ことができなければ，その人は，自分が主張する事実を認めてはもらえないのである。[*2]

　本件の事案にあてはめてみると，2つの解決が考えられる。①Xが「Yに帰責事由があること」を立証しなければならないのか，それとも，②Yが「自分には帰責事由がないこと」を立証しなければならないのか（右図）。どちらと解すべきだろうか。

＊1│

賃借人は，賃貸人の承諾を得なければ，借主の地位を他人に譲ること（「賃借権の譲渡」という）ができない（612条1項）。本件では，Yは，Zの承諾を得ることができず，そのせいでXに賃借権を譲渡することができなかったわけであり，これが，債務不履行（415条1項本文にいう「債務の履行が不能」）だとされたのである。

📖 判決文を読んでみよう

　「賃借権の譲渡人は，特別の事情のないかぎり，その譲受人に対し，譲渡につき遅滞なく賃貸人の承諾をえる義務を負うものと解すべきであり，前記事実関係によれば，Yは賃借権の譲渡につき賃貸人Zの承諾をえる義務があるにかかわらず，これをえることができないでいるうちに，本件家屋は取りこわされてしまったのであるから，本件売買契約のうち家屋賃借権の譲渡に関する部分についてのYの債務は履行不能となったものというべく，少くとも右部分に関する限り，債務者であるYとしては，右履行不能が債務者の責に帰すべからざる事由によって生じたことを証明するのでな

① そっちに帰責事由がある！

債権者　債務者

② こっちに帰責事由はない！

債権者　債務者

ければ，債務不履行の責を免れることはできないと解さなくてはならない。」

⇩　**この判決が示したこと**　⇩

　本判決は，〔読み解きポイント〕に挙げた2つの考え方のうち，②を採ることを明らかにした。つまり，債務者は，「自分には帰責事由がなかった」と立証しない限り，債務不履行責任を免れない。このような考え方を表現するためには，「責めに帰すべき事由がない」ことが，責任を免れるための事由（＝免責事由）になっているというと，しっくりくるだろう。

 解説

Ⅰ．「免責事由」の立証

　債務不履行の証明責任について，本判決は，債務者が債務不履行責任を免れるためには，「自分には帰責事由がなかった」ことを立証しなければならないとする。この考え方は大審院の判決でも採用されており（判例 **05-A**：大判大正14・2・27民集4巻97頁），学説も同じように考えていた。本判決は，目新しいことを示したわけではなく，これまでの考え方を再確認する意味をもつものである。

　以上の考え方が採られてきた理由は，こう説明されてきた。債務が履行されないときには，普通，債務者の側に何らかの落ち度があるものだから，「債務者に帰責事由がある」ことを債権者にいちいち立証させるべきではない。むしろ，債務が履行されていないにもかかわらず「債務者には帰責事由がない」といえる例外的な場合には，そのことを債務者に立証させるほうが，合理的で公平だと考えられる。

Ⅱ．条文の「読み解きポイント」

　帰責事由の証明責任について本判決が示した考え方は，現行の415条1項の文言にも反映されている。債権法改正前の415条と読み比べてみると，現在の条文では，債務者の帰責事由に関するルールが「ただし……」の書出しで示されていることに気づくだろう。この「ただし書」は，法律の条文を作るときのルールでは，例外的な事柄を定めるときに使う決まりになっている。415条1項は，債権者が債務不履行の事実を立証した以上，債務者は原則として損害賠償責任を負わなければならないことを明らかにしたうえで，「債務者の責めに帰することができない事由」によって不履行が生じたことを債務者の側で特に立証しない限り，損害賠償責任を負うことを明らかにしているのである。

06 履行補助者の行為についての責任

大審院昭和4年3月30日判決（民集8巻363頁）　　　　　　　▶百選Ⅱ-5

🕶 事案をみてみよう

　Xは，発動機付帆船「恒栄丸」を，6か月間という約束でY1に賃貸した。さらに，Y1は，Xの承諾を得て，2か月間という約束で恒栄丸をY2に転貸した。恒栄丸は，Y2が雇い入れた船員によって航海していたが，暴風に遭って坐礁・難破したため，Xに返還することができなくなってしまった。*1

　恒栄丸が坐礁・難破した原因は，Y2が雇った船員らの過失にあった。すなわち，舵機に割れめが生じていたのに，不完全な修繕をするだけで航行したため，強い風と波のせいで船の舵が壊れ，操舵が困難になってしまった。また，・・・いかりの使い方がまずく，海に投げ入れた係留用ロープがスクリューに巻き付いてしまったために恒栄丸が動けなくなったという事情もあった。

　そこで，Xは，本件事故はY2が雇った船員らの過失によって生じたものであり，これについてはY1とY2に責任があると主張して，損害賠償を請求した。この主張に対し，Y1とY2は，Y2が雇った船員に過失があったとしても，それについて責任を負う理由はないと反論した。民法や商法には，雇主が使用人の過失についてまで債務不履行責任を負わなければならないと定める規定はない。そうである以上，Y1とY2が責任を負うのは，船員の選任・監督について自分自身に過失があった場合に限られるはずだというのである。

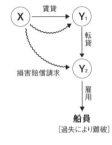

*1｜発動機付帆船

✓ 読み解きポイント

　債務者が債務を履行するために使用する他人のことを，履行補助者という。
　［判例05］でみたように，債務者に対して債務不履行責任を追及するためには，債務者に帰責事由がなければならない。それでは，債務者が履行補助者を用いたときには，債務者は「他人」である履行補助者の行為についてまで責任を負わなければならないのだろうか。
　これを本件にあてはめてみよう。Y1は，恒栄丸を適切に使用し（616条，594条1項），賃貸借契約が終了したときにはこれをXに返還する債務を負っている（601条）。本件では，この債務が履行されなかったわけだが，その原因は，Y1自身ではなく，Y2が雇った船員（＝履行補助者）の過失にあった。それにもかかわらず，Y1の債務不履行責任が生じるのだろうか。

📖 判決文を読んでみよう

判旨（1）：
債務者は，債務の履行に関する一切の責任を回避することはできない。

判旨（2）：
債務者は，被用者の行為を利用して債務を履行するのだから，その範囲で被用者がした行為は，債務者の行為と同視される。

「債務を負担する者は，契約又は法律に依り命ぜられたる一定の注意の下に其の給付たる行為を為すべき義務あるを以て，債務者が債務の履行に付其の義務たる注意を尽したるや否は，総て債務の履行たる行為を為す可き者に付之を定む可く，従て，債務者が債務履行の為他人を使用する場合に在りては，債務者は，自ら其の被用者の選任監督に付過失なきことを要するは勿論，此の外尚お(1)其の他人を使用して債務の履行を為さしむる範囲に於ては，被用者をして其の為すべき履行に伴い必要なる注意を尽さしむ可き責を免れざるものにして，使用者たる債務者は，其の履行に付被用者の不注意より生じたる結果に対し，債務の履行に関する一切の責任を回避することを得ざるものと云わざる可からず。蓋，(2)債務者は，被用者の行為を利用して其の債務を履行せんとするものにして，此の範囲内に於ける被用者の行為は，即，債務者の行為そのものに外ならざるを以てなり。」

⇩ この判決が示したこと ⇩

本判決は，履行補助者の過失についても債務者が債務不履行責任を負うべきかどうかという問題（以下では，履行補助者責任とよぶ）について，債務者が責任を負うべきだとする判断を示した。

もっとも，本判決は，その理由については「被用者の行為は，債務者の行為そのものだ」としか述べていない。なぜ履行補助者の行為が債務者の行為と同視されるのかを明らかにすることは，その後の課題とされたのである。

☞ 解説

Ⅰ. 履行補助者責任の根拠

1 ▸▸ 本判決の意義と課題

本判決以前には，「債務者は自分がした行為についてしか責任を負わないはずだ」という理由で，他人である履行補助者がした行為についてまでは責任を負わないとする考え方もあった。しかし，本判決が現れたことで，以後の学説・判例は，履行補助者責任を一致して認めるようになった。

とはいえ，本判決は，履行補助者責任をめぐる問題をすべて解決したわけではなく，様々な課題が未解決のままに残された。特に重要なのは，民法や商法に規定がない履行補助者責任がどのように根拠づけられるのかという問題である。

2 ▸▸ 学説による根拠づけの試みと批判

この点について，かつての学説は次のように説明してきた。履行補助者責任を認める実質的な理由は，「履行補助者の行為によって利益を得る以上，その行為については責任も負うべきだ」という点にある（こうした考え方は，報償責任とよばれる）。そうであれば，履行補助者の行為は，たしかに債務者本人の行為ではないけれども，信義則（1条2項）上，本人の行為と同視されてよい。いうなれば，「債務者の手足として

使用する者」については，常に債務者が責任を負うべきだと考えるのである。

しかし，この説明には批判が投げかけられている。「債務者の手足」というのはただの比喩にすぎず，責任の根拠や基準が明確になっていないというのである。批判説は，他人の行為について責任を負う場合は不法行為にも定められているから，それとの関係を検討すべきだと主張した。不法行為については，ⓐ使用者の指揮命令に服するケース（715条）と，ⓑ使用者とは独立に仕事をするケース（716条）とが別々に規定されており，ⓑの場合には，他人を使用した者は，他人の行為については責任を負わないのが原則である。これに対して，履行補助者責任は，ⓑの場合にも債務者の責任を認める点で不法行為責任とは違うのだと主張したのである。

3 ▸▸ 新しい見方 —— 「債務の本旨」から考える

以上にみた2つの見解は，どちらも「債務者は，なぜ他人の行為についてまで責任を負わなければならないのか」という見方を出発点としている。ところが，最近では，まったく別の見方から出発する議論も現れている。

この見解のポイントは，他人を使ったかどうかではなく，債務の本旨に従った履行がなされたかどうかに着目するところにある。そもそも履行補助者を用いることが禁じられていたならば，他人に債務を履行させること自体が債務不履行である。また，履行補助者を用いることが許されているときであっても，債務の本旨に従った履行がされていないならば，その責任は債務者が負うのが当然であろう。債務者が責任を免れるのは，「契約その他の債務の発生原因及び取引上の社会通念に照らして債務者の責めに帰することができない事由」（415条1項ただし書）が証明された場合に限られるのである。そのため，本判決が「被用者の行為を利用」したことに着目して債務者の責任を認めたことに対しては，現在では意味を失った考え方であるとも指摘されている。

このように，履行補助者責任をどのような視点から考察するかによって，債務者の責任を判断するための枠組みが変わってくる。学説を検討するときには，なぜ複数の見解が対立するのか，その理由を意識するように心がけることが大事である。

Ⅱ．判例の展開

以上のとおり，理論的な課題はなお残されているが，履行補助者の故意・過失についても債務者が責任を負うという結論そのものは，——それを「履行補助者」とよぶべきかは問題であるが——異論なく認められてきた。しかも，履行補助者責任は，いろいろな場面に適用されるようになっている。たとえば，安全配慮義務（判例 06-A：最判昭和58・5・27民集37巻4号477頁），診療債務（判例 06-B：最判平成7・6・9民集49巻6号1499頁〔百選Ⅱ-75〕）についても，履行補助者責任が問題とされることがある。

判例 06-A

自衛隊員Bの運転する自衛隊車両がBの運転ミスによる交通事故を起こし，同乗していた自衛隊員Aが死亡したという事案。判決は，自衛隊車両にAを乗せる際には，国はAに対して一定の安全配慮義務（〔判例03〕）を負い，かつ，Bはその履行補助者とみることができるとした。ただし，本件の結論としては，国の損害賠償義務は否定された。

判例 06-B

新しい治療法を用いたために生じた医療事故につき，医療機関の責任が問われた事案。判決においては，手術を担当する医師は，医療機関の履行補助者であるとされ，医師がその治療法に関する知見を有しなかったために適切な対応をすることができず，そのために患者に損害を加えてしまったときには，医療機関は診療契約に基づく債務不履行責任を負わなければならない，とされた。

損害賠償の要件をめぐる様々な問題

〔判例 **03**〕～〔判例 **06**〕では，債務不履行に基づく損害賠償に関する判例をみてきたが，ほかにも重要な判例があることはもちろんである。本欄では，損害賠償に関する判例をいくつか補足しておこう。

1. 履行不能の判断基準

債務者が履行遅滞に陥ったかどうかは，履行期を徒過したかどうかではっきりと決まることが多い。これに対して，履行不能の判断には困難が伴うことも少なくない。目的物が滅失してしまったときには，履行不能であることは明らかである。しかし，債務の履行が物理的には可能であっても，取引上の社会通念に照らして不能とみられるときは，履行不能と認められるのである（412 条の 2 第 1 項）。

具体例を挙げよう。A が，B と C に不動産を二重譲渡したとする。このとき，B に対する A の債務は，特段の事情のない限り，C に対する所有権移転登記が完了した時点で履行不能となる（大判大正 2・5・12 民録 19 輯 327 頁，最判昭和 35・4・21 民集 14 巻 6 号 930 頁）。これは，取引上の社会通念に照らして履行不能の判断がされた例のひとつといえる。

2. 契約締結上の過失

いわゆる「契約締結上の過失」の問題として，説明義務違反と並んで頻繁に問題となるのが，契約交渉の不当破棄である。代表例として，最判昭和 59・9・18 判時 1137 号 51 頁〔判例 **04-A**〕をみよう（関連判例として，東京地判平成 18・2・13 判時 1928 号 3 頁〔〔債権各論・判例 **01**〕〕をも参照）。

歯科医である Y は，新しい医院を開設するためにビルの一室を購入しようと考え，X との間で締約交渉を開始した。この交渉の過程では，Y が X に対して建物の電気容量を照会したことに応じて，X が電力容量を増やすための設計変更を行う等のやり取りがあった。ところが，Y は，最終的に，購入可能な 1 階部分だけでは医院を開設するには不十分だとして，契約交渉を破棄した。最高裁は，Y の態度は「契約が締結されるだろう」という誤信を招きかねないものであり，「相手方の人格，財産を害しない信義則上の義務」に違反したとする原審の判断を支持して，Y の損害賠償義務を認めた（ただし，

5 割の過失相殺〔418 条〕を行っている）。

本判決は，この場合の損害賠償の根拠を信義則に求めたが，このような考え方が〔判例 **04**〕と整合するかどうかについては議論の余地がある。裁判例には，契約交渉の不当破棄によって生じる責任を不法行為責任と解するものも少なくない。

3. 安全配慮義務

特別な社会的接触の関係を根拠として国が安全配慮義務を負うかどうかが問題となった判例としては，最判平成 28・4・21 民集 70 巻 4 号 1029 頁が注目される。

本件は，未決勾留（判決が確定するまでの間，被疑者を刑事施設に勾留すること）中の X が食事を拒絶し，体重が著しく減少したため，拘置所の医師が，X の同意を得ずに鼻腔からカテーテルを挿入して栄養剤を注入したところ，X が鼻腔に傷を負ったという事案であり，X は，国（Y）に対して，安全配慮義務違反による債務不履行に基づく損害賠償を請求した。判決は，未決勾留による拘禁関係は「勾留の裁判に基づき被勾留者の意思にかかわらず形成され，法令等の規定に従って規律されるものである」とし，「そうすると，未決勾留による拘禁関係は，当事者の一方又は双方が相手方に対して信義則上の安全配慮義務を負うべき特別な社会的接触の関係とはいえない」とした。もっとも，未決勾留による拘禁が強制的な収容関係であるからといって，なぜ「特別な社会的接触」の存在が否定されるのかは，判決をみる限りでは必ずしも明らかではない。しかし，ともかくも，他人の生命，身体，健康を危険から保護するよう配慮すべき場面のすべてで信義則上の安全配慮義務が生じるわけではないというのが，本判決の立場である。

なお，本判決は，国が国家賠償法 1 条 1 項に基づく損害賠償責任を負うことはありうるともいう。しかし，本件では，カテーテルの挿入から訴えの提起までの間に 4 年あまりが経過しており，損害賠償請求権は消滅時効にかかっていた（国家賠償法 4 条，改正前民法 724 条前段を参照）という事情があった。

Introduction

損害賠償の範囲

ラーメン屋で食中毒を出しちゃったうちのおじさんが，お見舞いとしてお客さんに 1 万円を払ったんだ。でも，そのお客さん，食中毒のせいで彼女と旅行に行けなくなって，キャンセル料を 3 万円も払ったんだって。しかも，それが原因で彼女とケンカしてふられて，やけになって雨の中を走って家に帰ったら，ひどい風邪をひいて入院費に 5 万円も取られたって言ってきたんだよ。もちろん，おじさんが悪いのだろうけど，風邪の入院費まで請求するのって，やり過ぎじゃないかな？

Ⅱ-1 では，債務不履行に基づく損害賠償を請求するための要件として，債務不履行の存在や，「責めに帰することができない事由」の存在等，主として債務者に関する問題を扱う判例をみた。**Ⅱ-2** では，それらの要件が備わっていることを前提として，どのような損害の賠償を求めることができるのかを学ぶ。ポイントを整理しておこう。

*1

上田健介ほか『憲法判例50！』(有斐閣，第3版，2023年)88頁を参照。

1. 因果関係に関する規定

損害賠償を請求するためには，そもそも損害が発生したといえなければならない。そのうえで，損害が債務不履行によって生じたといえることが必要である。これを因果関係という。

民法 416 条は，「通常生ずべき損害」（1 項），「特別の事情によって生じた損害」（2 項）につき，それぞれどのような要件のもとで損害賠償の対象となるかを定めている。この 2 つのルールの関係をどのように理解するかは難問である。

判例は，「相当因果関係説」に従っているといわれてきた。債務不履行の結果は，予想もしないような経過をたどって拡大することがあるから，416 条によって，それを相当な範囲に限定したのだと考えるのである。具体的には，通常の事情から通常生じるような損害は，すべて賠償しなければならない（1 項）。しかし，特別の事情から生じる損害は，当事者が「その事情を予見すべきであったとき」に限って賠償の対象に含まれるとするのである（2 項）。

2. 具体的な適用

以上の点を，エンピツくんのおじさんの例に即して確認しよう。まず，おじさんが払ったお見舞い金は，食中毒の治療費にあてられたと考えられるが，これはおじさん

の債務不履行から「通常生ずべき損害」に対する賠償だといえる。これに対して，彼女との旅行をキャンセルしたことは，おじさんにしてみれば特別な事情であろう。したがって，おじさんが「その事情を予見すべきであったとき」に限ってその賠償を求めることができるわけだが，先の例をみる限り，「予見すべきであった」とまではいえそうにない。風邪をこじらせたために生じた入院費用も，同様である。

　なお，どれだけの賠償をしてもらえるかを決めるしくみとしては，因果関係のほかにも，過失相殺が重要である（418条）。これは，債権者に落ち度があったために債務不履行が発生したり，損害が発生・拡大した場合に，そのことを考慮して賠償額を調整するしくみである。過失相殺が行われると，たとえば「損害の3割は債権者の過失によるものだ」というように，割合的に賠償額が減らされることになる。おじさんの例に即していえば，上に述べたような事情のもとではそもそも入院費の請求は認められないだろうが，かりにそれを認めるべき事案であったとしても，雨の中を走って帰ったせいでひどい風邪をひいたなどという事情は，過失相殺で考慮されることになろう。

3．本書で学ぶ判決

　以上をふまえて，これから学ぶ3件の判例の位置づけを説明しておこう。

　〔判例 **07**〕では，目的物の価格が上昇した場合に，上昇した価格の賠償を求めることができるかという問題を検討する。学説上は異論もあるが，判例では，この問題も416条2項によって解決されてきた。

　〔判例 **08**〕では，賃貸借契約において，建物を適切に引き渡さなかったために営業ができなくなってしまった場合に，売上げを失ったことについてどこまでの損害賠償を求めることができるかが問題となった。過失相殺にも絡んだ，やや応用的な事例である。

　最後に，〔判例 **09**〕では，以上の2件とは性格の違う問題ではあるけれども，代償請求権に関する判例を扱う。代償請求権は，損害賠償に代わる損害塡補の方法であるが，現行法では，判例が認めてきた代償請求権のルールが明文化されている（422条の2）。〔判例 **09**〕は，422条の2を理解するために参考となる判決といえるだろう。

07 価格高騰による損害

最高裁昭和37年11月16日判決（民集16巻11号2280頁）

🔍 事案をみてみよう

Xは，昭和27年3月31日，Yとの間で，X所有の甲土地（40坪）につき，代金2万円の定めで売買契約を締結するとともに，その日から3年経過後1年以内に，甲土地を同じ代金で買い戻すことができるとする買戻しの特約をした。[*1]

この買戻特約付売買契約が締結されたのは，次の事情による。Yは，X所有の乙土地（60坪）を買い受け，乙土地上に建物を建築した。ところが，建築代金の融資を得るためには，60坪の乙土地だけを担保にするのでは不十分であり，甲土地と合わせて100坪の土地とする必要があった。そこで，Yは，甲土地の所有名義を貸してもらいたいとXに申し入れて，Xもこれに応じたのである。ところが，昭和31年3月20日頃，Xが，2万円を持参してYのもとに行き，甲土地について買戻しの意思表示をしたにもかかわらず，Yはこれに応じず，甲土地をZに売却してその所有権移転登記を済ませてしまった。そのせいで甲土地の返還が履行不能になったため，Xは，甲土地の返還に代えて塡補賠償[*2]を請求した。

なお，甲土地の時価は，YがZにこれを転売した当時には約78万円であったが，訴訟提起時（昭和35年7月）には約109万円に上昇していた。[*3]

☑️ 読み解きポイント

Xは，Yによる土地の返還が履行不能になったことを理由として，損害賠償（415条2項1号）を求めている。問題は，Xに発生した損害の額をいつの時点での土地の価格を基準として算定すべきかである。損害額は，Zへの転売時を基準とすれば78万円，訴訟の時点を基準とすれば109万円になる。Xとしては109万円の支払を求めたいところだが，それは可能だろうか。

なお，この問題をめぐっては，本判決より以前から判例・学説による議論の蓄積があった。以上のポイントを理解するためには，本判決が登場するまでの状況を知っておいたほうがよい。判決文を読む前に，〔解説〕Ⅰに目を通しておくとよいだろう。

📖 判決文を読んでみよう

(1)　「債務の目的物を債務者が不法に処分し債務が履行不能となったとき債権者の請求しうる損害賠償の額は，原則としてその処分当時の目的物の時価である」。

(2)　しかし，「目的物の価格が騰貴しつつあるという特別の事情があり，かつ債務

*1｜

買戻しとは，売買契約において，買主が支払った代金と契約費用を返還して契約を解除する──それによって，売った物を取り戻すことができる──権利を売主に与えることをいう（579条以下）。

*2｜

履行を得られなかったことによって生じた損害を埋め合わせるための賠償をいう（415条2項）。つまり，失った甲土地の価値に見合った賠償金の支払を求めたわけである。

*3｜

買戻特約付売買契約（昭和27年）の代金額（2万円）と，転売契約時（昭和31年）の土地の時価（78万円）との間には40倍近い開きがあるが，地価が40倍に跳ね上がったわけではなく，2万円という価格がもともと時価を反映していなかったのだと思われる。本件で問題となったのは東京の土地だが，東洋経済新報社編『経済統計年鑑　昭和33年版』（東洋経済新社，1958年）62頁に掲載されている「市街地価格推移指数」によると，この期間内の六大都市（東京・横浜・名古屋・大阪・京都・神戸）での土地の値上がり幅は，平均して約3倍であったことがわかる。昭和27年の売買は，融資を得るYの便宜のためだけのものだったから，代金額は名目的な安値にされたのだろう。

者が，債務を履行不能とした際その特別の事情を知っていたかまたは知りえた場合は，債権者は，その騰貴した現在の時価による損害賠償を請求しうる」。債権者は，債務者の債務不履行がなかったならば，その騰貴した価格のある目的物を現に保有しているはずだからである。

(3)　「ただし，債権者が右価格まで騰貴しない前に右目的物を他に処分したであろうと予想された場合はこの限りでな」い。

(4)　「また，目的物の価格が一旦騰貴しさらに下落した場合に，その騰貴した価格により損害賠償を求めるためにはその騰貴した時に転売その他の方法により騰貴価格による利益を確実に取得したのであろうと予想されたことが必要である」。

(5)　しかし，「目的物の価格が現在なお騰貴している場合においてもなお，恰^{あたか}も現在において債権者がこれを他に処分するであろうと予想されたことは必ずしも必要でない」。

⇩　**この判決が示したこと**　⇩

　本判決は，XがYに対して具体的にどれだけの損害賠償をすべきかという問題（損害の金銭的評価）について，目的物の価格が高騰したときは，原則として「転売がなされた時」の価格（78万円）を基準とすべきことを確認したうえで（〔判決文を読んでみよう〕(1)），高騰した現在の価格（109万円）による賠償が認められる場合もあるとした（〔判決文を読んでみよう〕(2)以下）。これらの判断がすべて416条の解釈によって行われている点が大事である。

 解説

Ⅰ. 本判決の前提となる判例法理──富喜丸事件判決

1 ▸▸ 価格の高騰と算定基準時

　本判決が下された当時，価格が高騰した場合の損害賠償額の算定基準時に関する問題についてリーディング・ケースとしての価値をもっていたのは，「富喜丸事件」とよばれる不法行為に関する有名な判決（判例 **07-A**：大判大正15・5・22民集5巻386頁）であった。富喜丸事件判決は，価格が高騰した場合の損害賠償の算定基準時は416条に従って決定されるという理解を前提として，次のような解決を示した。

　第1に，損害賠償の範囲は，原則として，目的物が滅失した当時を基準として決定する。その理由は，こうである。被害者に対する損害は，目的物が滅失した時に発生する。損害賠償は，損害を塡補することを目的とする制度だから，損害の発生時＝目的物の滅失時を賠償額算定の基準時とするのが適切である。

　第2に，損害が発生した後，目的物の価格が高騰した場合には，高騰した価格で転売するなどして，それに相当する利益を確実に取得したという事情が「特別の事情」（416条2項）にあたる。したがって，加害者が不法行為の時点でその事情を予見すべきであったときには，高騰した価格についての損害賠償を求めることができる。つまり，価格が高騰したからといって，高騰した後の価格による損害の賠償を求める

判例 07-A

X所有の汽船「富喜丸」が，Y所有の船と衝突して沈没したため，Xが，沈没はYの船長の過失によるものであるとして，Yに損害賠償を請求したという事案。第一次世界大戦の影響で船舶価格が高騰していたという事情があり，後に述べる「中間最高価格」の問題が扱われたところに特徴がある。この判決の詳細は，〔債権各論・判例 **24**〕で学ぶ。

＊4

判例は，416条は不法行為にも類推適用されると考えてきた。そのため，416条の解釈については，不法行為に関する判断がリーディング・ケースとなっている。
これに対して，学説においては，416条は契約の不履行を想定した規定であり，不法行為に適用するのは相当ではないとする批判が強い。

判例 07-B

マッチの売買契約において，売主がマッチを約定どおりに引き渡さなかったために，買主から損害賠償請求がされた。契約締結後，第一次世界大戦の影響でマッチの原料が高騰したため，マッチの価格が上昇したという事情があった。判決は，戦争の勃発は「特別の事情」（416条2項）にあたるとしたうえで，「特別の事情」には「債務ノ不履行期」までに予見すべき事情が含まれるとした。そのため，売主は，戦争の影響でマッチの価格が高騰することを熟知しつつその引渡しを履行しなかったとされ，損害賠償請求が認容された。

ことは，当然にはできないのである。

2 ▸▸ 「特別の事情」を予見すべき時期

なお，416条2項が適用されるときに，「特別の事情を予見すべき」との判断をいつの時点を基準として行うかという問題がある。判例には，「債務ノ履行期」，つまり債務不履行の時点を基準とすべきだとの立場を示したものがあるが（判例 07-B：大判大正 7・8・27 民録 24 輯 1658 頁〔百選 II-7〕），416条の沿革・性質と関わって活発な議論がある。ここでは問題を指摘するにとどめ，本判決の検討を進めよう。

II. 本判決の判断

本判決が示した判断のうち，(1)，(2)，(4)は，富喜丸事件判決の判断をふまえたものである。これに対して，(3)と(5)は，本判決が付け加えた判断である。本判決が(3)と(5)を付け加えた理由は，富喜丸事件と本件との違いを考えるとわかる。

1 ▸▸ 中間最高価格の問題

富喜丸事件は，いったん価格が高騰した後，裁判の時点では価格が下落していた事案であった（いわゆる中間最高価格の問題。図表1）。このような場合には，高騰した価格の賠償を求めるためには，価格が高かった時点でタイミングよく転売することができたはずだといえる事情がなければならない。

2 ▸▸ 価格の高騰が続いている場合

これに対して，本件では，目的物の価格は裁判になった後もなお高騰し続けていた（図表2）。だから，債権者は，価格が高騰したタイミングで目的物を転売することができたはずだという見込みがなくても，目的物を持ち続けていれば，いままさに目的物の価格が上昇していることによる利益を得られるはずである（図表2(5)）。本判決の特徴は，このように，「転売」によって得られたはずの利益ではなく，目的物を「保有」し続けていれば得られたはずの利益の取扱いを明らかにした点にある。本判決の後にも，目的物を保有していた蓋然性が認められる場合について，高騰した価格を損害と認めた判決がある（判例 07-C：最判昭和 47・4・20 民集 26 巻 3 号 520 頁〔百選 II-8〕）。

このように，目的物の「保有」がポイントだとすれば，価格が上昇している途中で目的物を転売してしまったことが予想されるときは，その時点での価値に基づいて損害額を算定すべきであろう（図表2(3)）。そのような事情があるときには，その後に価格がさらに上昇した時点（図表2(5)の時点）ではもはや目的物を「保有」していたはずだとはいえないからである。本判決以前にも，価格が高騰する前に目的物を処分していた場合には，解除前に引渡しを受けていたとすれば得られたであろう利益をもとに損害額を算定すべきだとした判例がある（判例 07-D：大判大正 10・3・30 民録 27 輯 603 頁。なお，判例 07-E：最判昭和 36・4・28 民集 15 巻 4 号 1105 頁をも参照）。

● 図表1

返還不能になった時期　現在
中間最高価格（転売）

● 図表2

返還不能になった時期　現在
(3)（転売）　(5)（保有）

判例 07-C

Xが，Yから，自分が住む目的で敷地と建物を買い受けたが，Yが同じ不動産をZに売却して登記をしたために，財産権移転義務が履行不能になったという事案。転売後もさらに不動産の価格が上昇していたため，Xは，高騰した価格を基準とする損害賠償を求めた。最高裁は，本判決の判断を踏まえて，自分で使用するために不動産を購入したケースでも，不動産を保有していたならば得られたであろう高騰価格の損害を被ったとみることができるとした。

判例 07-D

価格が高騰する前に目的物を転売していたであろうと認められる事情があるときは，価格高騰時には目的物を保有していたはずだとはいえないから，高騰した価格ではなく，解除前に引渡しを受けていたとすれば得られたであろう利益をもとに損害額を算定すべきだとした。

判例 07-E

価格が高騰する前に転売をしていたという事情は認められるものの，転売代金の額は立証されていなかったという事情のもとで，高騰した価格ではなく，履行期における市場価格と購入価格との差額が損害額となるとした。

営業利益の賠償の制限

最高裁平成21年1月19日判決（民集63巻1号97頁）　　　　　　　▶百選Ⅱ-6

事案をみてみよう

　Xは，Yから，Yが所有するビルの地下1階部分を借りてカラオケ店を経営していた。このビルでは，平成4年9月頃からたびたび原因不明の浸水が生じていたが，平成9年2月12日，ついに配水管から汚水が噴き出し，床上30cm〜50cmまで水に浸かってしまった。この事故の原因は，排水用ポンプの不具合にあり，以後，Xはカラオケ店の営業ができなくなってしまった。

　事故直後の同月18日，Yは，「ビルが老朽化しているから，賃貸借契約を解除する」とXに告知し，ビルからの退去を求めた。もっとも，あとでわかったところでは，ビルはたしかに老朽化しており，設備の更新は必要だったのだが，すぐに改装・更新をしなければ使えないほどではなく，地下1階も使用不能とまではいえない状態であった。つまり，YがXに退去を求めたことには，法的根拠はなかったのである。

　それにもかかわらず，Yは退去を求めるばかりで，一向に営業再開に必要な修繕をしなかった。そこで，Xは，平成10年9月14日，「YはXが営業を再開することができるようにビルを修繕する義務があるのに，これを履行しなかった」と主張して，カラオケ店の営業ができなかったために失った利益の賠償を求めてYを訴えた。なお，Xは，事故によるカラオケセットの損傷については保険金を受け取っていたが，営業利益の喪失分については保険金は支払われていなかった。

☑ 読み解きポイント

　本件では，カラオケ店の営業を続けられず，売上げを得られなかったことが，事故と因果関係のある損害といえるかどうかが争われた。もちろん，事故がなければ，Xは営業を続けられただろう。けれども，Xは，受け取った保険金で機材を揃えなおすことはできたわけだから，退去の求めに応じて店を移していれば，売上げの減少をカバーすることはできたはずである。賠償額を算定するにあたって，その点を考慮する必要はないのだろうか。

判決文を読んでみよう

　「事業用店舗の賃借人が，賃貸人の債務不履行により当該店舗で営業することができなくなった場合には，これにより賃借人に生じた営業利益喪失の損害は，債務不履行により通常生ずべき損害として民法416条1項により賃貸人にその賠償を求める

ことができると解するのが相当である。」

　しかしながら，本件においては，「Yが本件修繕義務を履行したとしても，老朽化して大規模な改修を必要としていた本件ビルにおいて，Xが本件賃貸借契約をそのまま長期にわたって継続し得たとは必ずしも考え難い。また，本件事故から約1年7か月を経過して本件本訴が提起された時点では，本件店舗部分における営業の再開は，いつ実現できるか分からない実現可能性の乏しいものとなっていたと解される。他方，Xが本件店舗部分で行っていたカラオケ店の営業は，本件店舗部分以外の場所では行うことができないものとは考えられないし，……Xは，……本件事故によるカラオケセット等の損傷に対し，合計3711万6646円の保険金の支払を受けているというのであるから，これによって，Xは，再びカラオケセット等を整備するのに必要な資金の少なくとも相当部分を取得したものと解される。

　そうすると，<u>遅くとも，本件本訴が提起された時点においては，Xがカラオケ店の営業を別の場所で再開する等の損害を回避又は減少させる措置を何ら執ることなく，本件店舗部分における営業利益相当の損害が発生するにまかせて，その損害のすべてについての賠償をYに請求することは，条理上認められないというべきであり</u>[*1]，<u>民法416条1項にいう通常生ずべき損害の解釈上，本件において，Xが上記措置を執ることができたと解される時期以降における上記営業利益相当の損害のすべてについてその賠償をYに請求することはできないというべきである</u>[*2]。」

⇩ **この判決が示したこと** ⇩

　判決は，損害を回避するために合理的な対応をすることができたにもかかわらずそれをしなかったという債権者の事情は，賠償されるべき損害を判断する際に考慮されうるとする。その結果，別の場所で店を再開する等の措置を講じることができたといえる時期以降の損害は，すべてが「通常損害」となるわけではないとされた。

☝ 解説

I. 通常損害の捉え方

1 ▸▸ 営業利益の取扱い

　債務不履行の結果，債権者が営業のために用いている物を使用することができなくなり，営業を継続していれば得られたはずの利益を失ったと解される場合には，その利益（「逸失利益」や「得べかりし利益」とよばれる）は損害賠償の対象となる。そして，その場合，営業活動ができなかったことは，一般に通常損害となるとされてきた（判例08-A：最判昭和33・7・17民集12巻12号1751頁。ただし，判例08-B：最判昭和32・1・22民集11巻1号34頁は，これと異なる判断を示した[*3]）。本判決が，店舗の使用不能によって生じた営業利益の喪失は通常損害であるとしたことは，このような従来の考え方に合致する。

2 ▸▸ 損害の回避可能性

　以上をふまえて，本件では，債権者自身が損害を回避するよう期待されうる場合で

*1
条理とは，「物事の筋道や道理」といった意味の言葉であるが，法律に定めがない事柄について裁判官が判断を下すときの基準として用いられる。

*2
本判決が示した解決は，信義則（1条2項）によっても導くことができそうである。それにもかかわらず，本判決が信義則を適用しなかったのには，理由がある。
本書では事案を簡略化しているが，正確にいうと，本件では，Xは，貸主であるYのほかに，ビルの管理を行っていたZも訴えていた。しかし，XとZとの間には契約関係がないため，XZ間では信義則は適用されないのではないかという疑問があった。そこで，本判決は条理をもち出したのだと説明されている（髙橋譲・最高裁判所判例解説民事篇平成21年度（上）39頁）。判例は，このような考えに基づいて「条理」を援用することがある（最判平成20・4・24民集62巻5号1178頁をも参照）。

判例08-A
貨物自動車が事故によって破損し，休車を余儀なくされたことによって生じた損害は，通常損害であるという判断を示した。

判例08-B
賃借権の目的である土地の利用が不法に妨げられ，建物を建てられなくなったことを理由として損害賠償が請求された事案。本判決は，借地権者が借地上に建物を建てて営業を営むことで得られたはずの利益を失ったことは，416条1項にいう「通常生ずべき損害」にはあたらないとした。

*3|

判例08-Aと判例08-Bとで理解が食い違っている理由は，事実関係の違いにありそうである。判例08-Aでは，現に行っていた営業ができなくなったことによる損害が問題となったが，判例08-Bでは，その土地で営業活動を始める可能性が阻害されたことによる損害が問題となった。この区別に従うと，本件では，判例08-Aと同じく，営業利益の喪失は通常損害だと解されることになろう。

あっても，債務者は，債務不履行によって生じた損害をすべて賠償しなければならないかが問題となった。この点につき，判決は，実際に損害を回避することができるようになった時からは，「損害のすべてについての賠償をYに請求することは，条理上認められない」と判断している。たしかに損害は発生しているけれども，そのすべてをYに賠償させるべきではないというのである。

X自身が損害を回避するための措置を講じることが期待されるというべき事情として，判決は，①本件ビルは，使用不能ではないにせよ大規模な修繕を必要とするものだったのだから，長期間継続して借り続ける見込みはなかったこと，②Xとしては，保険金で新たに機材を揃えて別の場所で営業を再開する余地があったことなどを指摘している。本判決は，あくまでこうした事実関係を前提として下された判断であって，これらの事情が変われば結論も変わりうることには注意が必要である。

Ⅱ. 損害の回避可能性を考慮する枠組み

1 ▸ 過失相殺との関係

Introduction でも述べたとおり，被害者たる債権者が適切な対応をしなかったために損害が拡大した場合には，過失相殺（418条）が行われることも少なくない。けれども，本判決は，そのような解決を採らなかった。

債権者の事情を416条と418条のどちらで考慮するかについて，本判決は，使い分けの基準を示してはいない。ただ，どちらを適用するかによって解決の仕方に違いが生じるから，注意が必要である。過失相殺を行う場合には，裁判所は，たとえば「被害者の過失は3割」というように認定して，賠償額全体を割合的に減額する。これに対して，416条の問題として扱うと，被害者が回避すべきであった損害を，具体的な損害項目ごとに認定することができる。本件は，「営業利益の喪失」という具体的な損害について，その発生を回避する可能性が問われた事案であったから，過失相殺によって一律に割合的な減額をするよりも，回避可能な損害を賠償の対象から除外するほうが適切な解決だと考えられたのであろう。

2 ▸ 損害軽減義務

なお，本判決が示した「債務不履行が生じたときは，債権者も，損害の拡大を防止するために合理的な措置を執ることが期待される」という考え方には，学説において論じられてきた「損害軽減義務」という議論に通じるところがある。損害軽減義務とは，債務不履行が生じた場合に，債権者が被る損害が拡大することのないように合理的な措置を講じる債権者の義務である。債権者が義務を負うというと奇妙に思われるかもしれないが，実際には，債務が弁済されるに至るまでに，債権者が一定の協力を義務づけられることは少なくない。

*4|

［判例03］（p.15）でみた安全配慮義務も，債権者が義務を負う場合の一例である。Chapter Ⅱ-3では，この点についてより詳しく学ぶことになる。

しかし，本判決は，あくまで損害賠償の範囲の問題について判断を示したにすぎない。より一般的に，本判決が「損害軽減義務を認めた」とまで断言してしまうのは，勇み足であろう。

09 代償請求権

最高裁昭和41年12月23日判決（民集20巻10号2211頁）

 ## 事案をみてみよう

XとYは，次のような契約を結んでいた。①Xは，Yが所有する土地上に，パチンコ営業用の建物（本件建物）を建てる。建築費用は，Xが負担する。②本件建物はYが所有するものとし，Xは，これをYから賃借してパチンコ店の営業をする。賃料は，最初の1年分については，建築費用と差し引きして0円とする。

ところが，本件建物は，完成から約2週間後に火災によって焼失してしまった。そこで，Xは，Yに対して，建物がなくなってしまった以上，賃貸借契約は終了したと主張して，本件建物を賃借する時に差し入れた敷金50万円の返還を求めた。

これに対して，Yは，当初，火災はXの過失によって生じたものだと反論した。そうであれば，本件建物の返還ができなくなったことの損害賠償として，本件建物の価格に相当する金銭の支払を求めることができるから，これと敷金を相殺すると主張したのである。しかし，第1審で，本件火災の原因は不明であり，Xに過失があったとはいえないとされたため，Yは，さらに次のように主張した。本件では，Xは本件建物に保険をかけており，その焼失によって保険金約500万円を受け取っていたという事情がある。この保険金は，建物の焼失という，Yに対する建物の返還が不能になったのと同一の原因に基づいてXが取得した利益だから，Xは，Yに対し，建物の価格に相当する金銭を保険金から支払うべきである。

*1|

相殺とは，XとYが互いに負っている債務を差し引きして帳消しにする（正確に表現すると，それらの債務を対当額について消滅させる）ことをいう（505条1項）。詳しくは，**Chapter Ⅵ-2**で学ぶ。

☑ 読み解きポイント

Yは，火災によって自分が所有する建物を失った。だから，建物はもちろん返ってこない。もっとも，この火災の発生について，もしXに過失があったならば，Yは，Xに対して損害賠償を請求することができる（601条，415条1項本文）。しかし，本件ではXに過失がないとされたため，その可能性もない。結局，Yは何も得られないのである。

ところで，本件では，Xは保険金を受け取っている。しかし，考えてみればこれは少し奇妙である。もし本件建物が焼失しなかったならば，Xは建物を返さなければならないのだから，手もとには何も残らなかったはずである。それなのに，たまたま建物が焼失したために，Yが建物の返還も損害賠償も得られないのに対して，Xが保険金を受け取るというのでは，不公平ではないだろうか。むしろ，保険金は，いわば焼失した建物の代償なのだから，建物を失うことになったYが受け取ってもよいのではないだろうか。

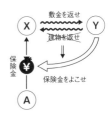

📖 判決文を読んでみよう

「一般に履行不能を生ぜしめたと同一の原因によって，債務者が履行の目的物の代償と考えられる利益を取得した場合には，公平の観念にもとづき，債権者において債務者に対し，右履行不能により債権者が蒙りたる損害の限度において，その利益の償還を請求する権利を認めるのが相当であり，民法536条2項但書〔現536条2項後段〕の規定は，この法理のあらわれである。」

> ⬇ **この判決が示したこと** ⬇
>
> 本判決は，履行不能を生じさせたのと同一の原因によって債務者が利益を得ている場合には，債権者は，自身が損害を被った限度で，債務者が得た利益の償還を求める権利（代償請求権）を有するとした。そうすることが公平にかなうというのである。したがって，Yは，Xが取得した保険金支払請求権を，自身が被った損害（＝減失した建物の価格に相当する額）の限度で取得することになる。

☝ 解説

Ⅰ．代償請求権とは

履行不能を生じさせたのと同一の原因によって債務者が利益を得た場合に，債権者が目的物の代償と考えられる利益の償還を求めることができる権利のことを，学説は「代償請求権」とよんできた。たとえば，売買契約において，目的物が火災で滅失し，その引渡しが不能になったが，それと同時に債務者が保険金請求権を取得したときには，債権者は，この保険金請求権を本来の給付の代償として取得することができる。

このような権利が認められるかどうかにつき，債権法改正前の民法は何も定めていなかった。本件と同じく，YがXに対して代償請求権を行使することができるかという例を用いていうと，その理由は次のように説明された。たとえば，本件とは違って，火災の原因が第三者Zの放火であったとする。この場合，Yは，Xに対して履行不能の責任を追及することはできないが，Zに対して不法行為責任（709条）を追及することができる（図表1）。それならば，XがZに対して有する権利についてYが代償請求権を有するという回りくどい方法を考える必要はなく，端的にZに対して損害賠償を請求すればよいというのである。

しかし，以上の考え方は，保険金の支払を求める権利についてはあてはまらない。保険金の支払を請求する権利は，保険契約で保険金の受取人として指定されたXがもつものであり，Yが請求権を取得することはないのである（図表2）。そこで，学説は，保険金支払請求権のような利益については代償請求権を認めるべきだとする解釈を展開するようになった。本判決は，こうした考え方を支持したものといえる。

本判決は，代償請求権の根拠を「公平の観念」と説明している[*2]。何が「公平」なのかは，次のように理解することができるだろう。Xは，本来，いずれは建物をYに返さなければならない立場にある。それが，たまたま火災が起こると保険金をもらえ

⬇ ［図表1］
放火による損害賠償

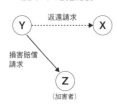

⬇ ［図表2］保険金（本件）

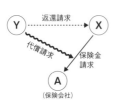

＊2｜

本判決は，代償請求権が認められるべき根拠として，「公平の観念」のほかに，改正前の536条2項後段を挙げている。しかし，この点には反対する学説もある。536条2項後段は，債務者が債務を免れたことによって出費を節約したときは，その分を債権者に償還すべきことを定めたルールである。これは，履行不能によって生じた「代償」を債権者に譲渡すべきかどうかとは別問題だというのである。

るというのでは，いわば「棚ボタ」の利益を得ることになる。その反面で，Yが建物を返してもらえず，そのことについて金銭での埋め合わせも得られないとすると，Yにばかり不利益のしわ寄せがいくことになってしまう。代償請求権を認めれば，こうした状況を解消することができるのである。

II. 代償請求権をめぐる解釈論上の問題

代償請求権に関する規定が設けられる前には，解釈論上，様々な問題が指摘されてきた。ここでは，2つの問題をみておこう。[*3]

1 ▸▸ 債務者の帰責事由

履行不能について債務者に帰責事由がある場合には，債権者は，債務不履行に基づく損害賠償を請求することができる。この場合にも，代償請求権は認められるだろうか。学説は分かれている。

ひとつには，本来の給付が履行不能になったという点では違いがないと考えて，債務者に帰責事由がある場合にも代償請求権を認めてよいとする見解がある。もっとも，この見解も，代償請求と債務不履行に基づく損害賠償請求とを両取りすることを認めるわけではない。代償請求権によって利益の償還を得たときは，その分だけ「損害」が消滅するから，損害賠償請求権は縮小すると考える。

これに対して，代償請求権は，損害賠償請求ができない場合に限って認めるべきだとする見解もある。代償請求権は，本来であれば債務者が取得すべき利益を債権者に与える制度であり，他人の財産に干渉するという性格をもっているから，その適用はあくまで例外にとどめるべきだというのである。これによると，債務者に帰責事由がある場合には，損害賠償請求しか認められないことになる。

2 ▸▸ 代償請求権は，損害額を限度とするか？

代償として得られる利益が損害額よりも大きい場合には，代償請求が許される範囲は実際の損害額に限定されるか。本判決は，代償請求権を行使することができるのは「債権者が蒙りたる損害の限度において」だとする。したがって，債権者の損害よりも多額の利益を債務者が得たケースでは，損害額を差し引いて残る利益は，債務者が取得することになる。

III. 規定の新設

従来の学説・判例は，代償請求権が認められるべきことを一致して認めてきた。こうした状況をふまえて，債権法改正の際に，代償請求権に関する明文の規定が設けられた（422条の2）。新設された規定の内容は，基本的には本判決の内容に沿うものだから，本判決は，今後，この規定の適用に関する参考事例としての意味をもつことになるだろう。

*3 | 以下にみるほか，保険金は火災によって得られた利益ではなく，保険料を支払ったことによって得られる利益なのだから，建物の返還請求権の代償とはいえないのではないかという疑問もないわけではない。この点について，本判決は，「本件保険金が履行不能を生じたと同一の原因によって発生し，目的物に代るものであることは明らかである」とした。

損害賠償額の算定基準時

［判例 **07**］では，履行不能が生じた場合の賠償額の算定基準時の問題を扱った判決を採り上げた。基準時の問題について，ここでさらにいくつかの判例をフォローしておこう。

1．履行遅滞の場合

まず，履行不能ではなく，履行遅滞を理由として契約が解除されたケースを採り上げよう。最判昭和 28・12・18 民集 7 巻 12 号 1446 頁が，この問題を扱った。

本件は，X が，Y から，材木を 2 万 5000 円で買い受けたが，Y が約定の期日を過ぎても義務を履行しなかったために契約を解除したという事案である。この間，材木の価格は上昇しており，履行期には価格 8 万円になっていた。そこで，X は，代金 2 万 5000 円との差額である 5 万 5000 円が X の損害だと主張した。

判決は，損害賠償の算定は，履行期における時価ではなく，解除時における時価を基準として行うべきだとした。おそらく，次のように考えたのであろう。買主は，契約を解除するまでは目的物の給付を求める権利を有しているが，解除によりこれを失い，その代わりに損害賠償請求権が発生する。だから，損害賠償の額は，損害賠償請求権の発生時点である解除の時を基準として定めるべきだと考えられるのである。最判昭和 28・10・15 民集 7 巻 10 号 1093 頁も，理由を述べてはいないものの，結論としては以上と同じように判断している。

次に，債務者が履行遅滞に陥ったけれども，その後に目的物が引き渡された場合はどうか。最判昭和 36・12・8 民集 15 巻 11 号 2706 頁は，そのような場面での転売利益の取扱いにつき，「履行が遅れたために減少した転売利益額が遅滞による損害額となる」とし，これは，特段の事情のない限り，「履行期と引渡時との市価の差額」を意味するとした。その理由は，こうである。債権者は，現に引渡しを受けた以上，その時からは目的物を転売して利益を上げることができる。しかし，もっと早く，履行期に引渡しを受けていればより高い額で転売することができたとすれば，その利益を得られなかったことが損害だと考えられるのである。

2．執行不能に備えて損害賠償を請求する場合

さらに，履行不能が問題となる場面では，まずは本来の給付を求め（主位的請求），強制執行がうまくいかなかった場合に備えて，損害賠償も請求しておく（予備的請求）という方法をとることがある。最判昭和 30・1・21 民集 9 巻 1 号 22 頁が，この場合の損害の認定に関する問題を扱っている。

事案はこうである。X は，Y に対し，線材の加工を委託し，自分が所有する線材約 300 トンを引き渡した。その後，この契約が合意解除されたにもかかわらず，Y が線材を返還しなかったため，主位的に線材の返還を求めるとともに，予備的に損害賠償の支払を求めた。この間，線材の価格は上昇を続けており，契約締結から約 1 年後には 1 トンあたり 194 円であったのが，それから 3 年後の口頭弁論終結時においては 1 トンあたり 5 万 4000 円にまで高騰していた。

この予備的請求について，判例は，口頭弁論終結時における本来の給付の価値に相当する損害賠償が認められるとした。損害賠償請求権が確定的に行使されるのは，強制執行が不能となる時点だから，それに最も近い時点を基準時としたのだと考えることができるだろう。

3．基準時はどのように決まる？

このように，判例が基準とする時点は多様である。そのため，学説においては，賠償額算定の基準時を 1 つの時点に決めることはできないのであり，債権者は，利益を取得する蓋然性のある時点を選択して主張することができるとする見解も有力である。416 条のしくみを全体としてどう理解するかにかかわる問題であり，議論状況は複雑である。

Introduction

3

受領遅滞・弁済の提供

昨日，僕の先生がこんなひとりごとを言っていたけど，どういうことかな？
「私は，できる限りの準備をして講義に臨んでいる。出席しない学生や，寝ている学生もいるけど，それは仕方ない。講義を聴くのは学生の権利だから。だけど，私は，自分の義務はしっかりと果たしているんだ。試験前に焦っても知らないからな。
えっ？　講義がわかりにくい？　それは，私の講義にだって不十分なところはあるだろう。でもね，それなら質問にきてよ。いくら講義を聴くのは権利だからって，それくらいは協力してくれないと。その程度の努力もしないで私を非難するのは，まさに信義則違反だろう。」

　債権は，弁済によって消滅する。だから，債務者がやるべきことをやれば，債権は消滅するのが普通である。

　しかし，それだけでは債権が消滅しないこともある。債務者による給付を債権者が受領しないなど，債権者が必要な協力をしてくれないときである。とはいえ，債権者の都合で受領を拒絶された場合にまで債務者が履行遅滞の責任を負うのでは，不合理だろう。そこで，民法は2つのしくみを設けている。

　1つは，受領遅滞である（413条）。債権者に受領遅滞があるときは，①債務者は，以後は「自己の財産に対するのと同一の注意」[*1]をもって目的物を保管すればよく（1項），②履行の費用が増加したときは，債権者にその費用の負担を求めることができる（2項）。つまり，債務者の負担が軽くなるのである。これにかかわるのが，〔判例10〕である。そこでは，受領遅滞に基づく債権者の「責任」の法的性質が論じられた。

　もう1つは，弁済の提供である。弁済の提供をしたときは，債務者は，「債務を履行しないことによって生ずべき責任を免れる」（492条）。つまり，債権者が受領を拒んだとしても，債権者に対して損害賠償をする必要はないし，契約を解除されることもない。[*2]〔判例11〕では，弁済の提供がされたと認められるために，債務者が何をすべきかが問題となった事案を学ぶ。

*1|
通常の注意義務（「善良な管理者の注意」。400条を参照）よりも軽減された注意義務のことを，「自己の財産に対するのと同一の注意」と表現する（659条，940条1項をも参照）。他人のために預かっている財産は，自分の財産よりも注意深く扱うべきだという考え方に由来する。

*2|
ただし，上にも述べたとおり，債務者が弁済の提供をしたとしても，債権者が弁済を受領しない以上，債務は消滅しない。債務を消滅させるためには，さらに，供託（494条）という手続をとる必要がある（〔判例21〕*2〔p.88〕）。

受領遅滞・買主の引取義務

最高裁昭和46年12月16日判決（民集25巻9号1472頁）　　　　　▶百選Ⅱ-49

🔍 事案をみてみよう

　北海道に硫黄鉱区の採掘権を有していた X は，Y との間で，X が採掘した硫黄鉱石を一定期間にわたって Y に売り渡す契約（鉱石売買契約）を結んだ。その内容は，次のようなものであった。[*1] ①X が採掘した硫黄鉱石を全部 Y に売り渡すこととし，期間内に売り渡す数量は最低でも 4000 トンとする。②Y は，鉱石代金の「前渡金」として合計 400 万円を X に融資し，X はこれを硫黄鉱床の開発に使用する。③前渡金は，Y が X に支払うべき鉱石の購入代金にあてることとし，両者を差し引きして残金が生じたときは，その分を Y に返却する。

　採掘を開始した X は，まず，約 170 トンの硫黄鉱石を Y に引き渡し，その後も，目標である 4000 トンの引渡しができるように採掘を続けた。ところが，契約期間の継続中に，Y は，「不景気だから鉱石の出荷を中止してほしい」といって，鉱石の引取りを拒否するようになった。X としては，採掘のために巨額の投資をしたのだから，Y の一方的な都合に応じるわけにはいかない。そこで，Y との間で引取りについて交渉しながら，Y 次第でいつでも引き渡すことができるように採掘を続け，引渡しの準備もしていた。それでも Y が引取りを拒否したため，X もついに採掘を中止せざるを得なくなった。その後も Y が引取りを拒否したまま，契約期間が経過し，鉱石売買契約は終了した。

　以上の経緯で，X は，Y の受領遅滞を理由として，Y に対して損害賠償を請求した。X が損害として主張したのは，鉱石が引き取られれば得られたであろう代金額（約 1200 万円）と契約終了時における硫黄鉱石の額（約 200 万円）との差額から，前渡金の残額（約 300 万円）を差し引いた金額（約 700 万円）である。

✓ 読み解きポイント

　本件のポイントは，債務者である X が，債権者である Y の責任を追及しているところにある。本件契約では，X が採掘した硫黄鉱石は，全部を Y だけに渡すこととなっていた。ところが，Y が硫黄鉱石の引取りを拒んだために，X は採掘を続けることができず，採掘事業から利益を得られなくなってしまった。

　そこで問題となったのが，Y が硫黄鉱石を引き取る義務を負っていたかどうかである。これが認められれば，X は，Y の債務不履行を理由に，引取り拒絶によって生じた損害の賠償を求めることができるはずだからである。

[*1]
〔解説〕の内容を少し先取りすることになるが，受領遅滞の効果を論じる際には，「売主は，買主の受領遅滞による損害賠償請求ができなくても，買主の代金不払を理由とする損害賠償を請求すればよいではないか」と指摘されることがある。しかし，この指摘は，本件にはあてはまらなそうである。本件契約は，X が Y に対して引き渡した硫黄鉱石の数量に応じて代金が支払われるという内容だから，鉱石を引き取ってもらわなければ，代金の不払を主張することができなかったと推察される。

📖 判決文を読んでみよう

「前記鉱石売買契約においては，X が右契約期間を通じて採掘する鉱石の全量が売買されるべきものと定められており，X は Y に対し右鉱石を継続的に供給すべきものなのであるから，信義則に照らして考察するときは，X は，右約旨に基づいて，その採掘した鉱石全部を順次 Y に出荷すべく，Y はこれを引き取り，かつ，その代金を支払うべき法律関係が存在していたものと解するのが相当である。したがって，Y には，X が採掘し，提供した鉱石を引き取るべき義務があったものというべきであり，Y の前示引取の拒絶は，債務不履行の効果を生ずるものといわなければならない。」

「本件のような継続的供給契約[*2]において，X がその採掘にかかる鉱石を Y に送付し，Y がこれを引き取るべき義務を負うのは，本件硫黄鉱石売買契約関係の存続を前提とするものと解されるところ，Y が，その義務に違反し，前示鉱石 1612.69 トンの引取を拒絶したまま，昭和 33 年末をもって右契約関係を終了するに至らしめたのである以上，右引取義務は，Y の責に帰すべき事由により履行不能になったものというべき」だから，引取義務の履行不能による損害賠償義務を認めた原判決は正当である。

⬇ **この判決が示したこと** ⬇

判決は，結論として，Y には硫黄鉱石を引き取る義務があったとして，引取義務違反を理由とする債務不履行責任を認めた。

重要なのは，その根拠として「信義則」が挙げられていることである。本判決は，受領遅滞の法的性質に関する一般論ではなく，信義則を根拠とすることによって，事案の特殊性に配慮した結論を導いたということができる。

👆 解説

Ⅰ．受領遅滞の法的性質

1 ▸▸ 債権者の引取義務は認められるか？

Introduction でも確認したとおり，受領遅滞の効果については民法に規定がある（413条）。しかし，本件で問題となったのは，同条が定める効果のほかに，債権者の「引取義務」が認められるかどうかであった。それが認められると，受領遅滞に陥った債権者は，引取義務違反に基づく債務不履行責任を負う可能性がある。

もちろん，契約自由の原則からすれば，当事者が特約を結んで債権者に引取義務を負わせることは可能である。問題は，そのような特約がない場合である。

2 ▸▸ 2つの考え方

この問題は，受領遅滞の法的性質として論じられ，大きく分けて 2 つの考え方が対立していた。

第 1 は，債務不履行責任説である。この見解は，債権者が引取義務を負うことを認める。債務者の履行遅滞の規定（412条）と並んで債権者の受領遅滞の規定（413条）が置かれているのは[*3]，受領遅滞も債務不履行の一種だからだと理解するのである。し

*2｜
継続的供給契約とは，売主が，買主に対して，ある期間（期間が定まっていないこともある），一定の種類・品質を有するものを継続的に供給する契約をいう。

*3｜
債権法改正前の413条は，単に「債権者は……遅滞の責任を負う」と定めていた。そのため，条文の文言からも，債権者には履行遅滞に基づく責任が認められるとみるのが自然だと考えられたのである。

たがって，債権者がこれに違反したときは，413条が定める効果のほかに，損害賠償義務（415条）や解除（541条）など，債務不履行の効果も発生するという。

第2の見解は，法定責任説とよばれる。この見解は，債権者は債務の履行について「権利」を有するだけであり，引取「義務」を負うことはないという理解から出発する。そうすると，受領遅滞の効果は，法が特に定めた責任（法定責任）であって，413条が定めるほかに債務不履行の効果が発生することはないと考えられるのである。

判例は，本判決が登場するよりも前から，「債務者の債務不履行と債権者の受領遅滞とは，その性質が異なる」という理由で，民法414条，415条，541条等，受領遅滞の場面では適用されないという一般論を示してきた（判例10-A：大判大正4・5・29民録21輯858頁，判例10-B：最判昭和40・12・3民集19巻9号2090頁）。これは，法定責任説に沿う考え方といえるだろう。

Ⅱ．引取義務の根拠は何か？

本判決は，結論としてYの債務不履行責任を認めた。重要なのは，その理由である。本判決は，受領遅滞一般の法的性質からではなく，「信義則」に基づいてこの結論を正当化した。受領遅滞が債務不履行責任なのだとすれば，債権者の引取義務を根拠づけるために，わざわざ信義則をもち出す必要はなかったはずである。そうすると，本判決も法定責任説をベースにしていると読むのが素直である。

けれども，法定責任説によれば，債権者は引取義務を負わないのではないか。たしかに，原則としてはそう考えるべきなのだが，本件では，特にYの引取義務を認めるべき事情があった。というのは，こうである。Xは，採掘に取りかかるためにすでにコストをかけているから，採掘を進めてこのコストを回収したいと考えている。ところが，本件契約上，Yには鉱石全量の引渡しを求める権利があるから，Yが鉱石を引き取ってくれないからといって，鉱石を他人に売るわけにもいかない。Xは，コストをかけたのに回収することができない，いわばはしごを外された状態になってしまうのである。

判決が「信義則に照らして」と述べるのは，本件契約のこうした特徴を考慮して，たとえ取決めがなかったとしても，本件の事情のもとでは引取義務を認めることが契約の趣旨に合致すると判断したことを示している。債務不履行責任説と法定責任説のどちらに立つかで引取義務の有無を決めると，個々の事案の特徴に応じた判断は難しくなる。これに対して，本判決の考え方によれば，具体的な事情を考慮して引取義務の有無を検討することができるのである。

このような判断枠組みは，今日，多くの学説によって支持されている。ただ，これと同様の解決は，契約の解釈によって導くことができたのではないかという指摘もある。鉱石の引取りを義務づけることが本件契約の趣旨・目的に合致するかどうかという角度から問題を検討するならば，契約自由の原則の枠組みのなかでの解決も可能であったというのである。契約の解釈の役割をどのように考えるかという問題にもかかわる，発展的な問題提起だといえる。

判例 10-A

座椅子の売買契約につき，買主が目的物を受領しないのは権利の不行使にすぎず，債務不履行責任を生じさせるわけではないとして，受領遅滞を理由として契約を解除することはできないと判示した。
もっとも，本件は，厳密にみれば，座椅子を買い取るという契約が結ばれなかった事案であった。つまり，そこでは，引取義務ではなく，座椅子を「買い取る」義務（売買契約を締結する義務）があるかどうかが問題となったのである。そのため，学説には，本件を受領遅滞の問題として扱うのは不適切であったとして，判決を批判するものもある。

判例 10-B

ゴルフ場のクラブハウスに備え付ける設備の製作を請け負ったXが，これを完成させて注文者Yに提供したところ，「もう不要になったので引き取らない」と拒絶されたという事案。判決は，本文で引用したように述べて，受領遅滞があるからといって債務不履行の効果が発生するわけではないとした。
もっとも，本件にも注意すべき事情がある。本件では，Xによる仕事の完成が遅れたため，すでにYの側から請負契約が解除されていたという事実が認められている。つまり，引取りを拒絶したとされたYには，そもそも受領遅滞がなかったのである。その意味では，本判決が示した一般論は「傍論」であって，価値の高い判断とはいえない。

11 弁済の提供の方法

最高裁昭和32年6月5日大法廷判決（民集11巻6号915頁）

事案をみてみよう

　Yは，営業を行うための部屋をXから借りていたが，Xに無断で，この部屋に電灯用の電線を引き込む工事を行った。Yが自分でこの工事をしたのは，Yが借りた一室が昼間でも暗く，電灯がなければ営業に支障があるような部屋であったにもかかわらず，Yとの間で賃料をめぐってもめていたXから，「賃料の値上げに応じなければ，ビル全体を停電にしてやる」などといって脅されたからであった。

　工事が行われたことを知ったXは，XY間の賃貸借契約に「賃借人が賃借物件の現状を変更するためには，賃貸人の書面による同意を得なければならない」という定めがあったことを理由に，Yはこの特約に違反したのだから賃貸借契約を解除するといって，本件訴訟を提起した。しかし，この主張が認められずに第1審で敗訴したため，Xは，「訴訟を提起した後，3か月分の賃料が支払われていない」という事情も付け加えて，賃貸借契約は解除されたのだと主張した。本判決では，この最後の主張が認められるかどうかが問題となった。

☑ 読み解きポイント

　たしかに，Yは，Xから訴訟を起こされた後の賃料を支払っていなかった。だから，Yには債務不履行があるようにみえる。けれども，Xは，「契約は解除された」といって訴訟まで起こしているわけだから，かりにYが賃料を支払おうとしても，これを受け取るつもりはなかったはずである。

　このように，債権者が「弁済されても受け取らない」という意思をあらかじめはっきりさせている場合にも，債務者は，弁済の準備を済ませたうえで，「弁済の準備ができたから受け取ってほしい」と申し出て，自分の債務を履行する姿勢を示さなければならないのであろうか。

📖 判決文を読んでみよう

　「債権者が予め弁済の受領を拒んだときは，債務者をして現実の提供をなさしめることは無益に帰する場合があるから，これを緩和して民法493条但書において，債務者は，いわゆる言語上の提供，すなわち弁済の準備をなしその旨を通知してその受領を催告するを以て足りると規定したのである。そして，債権者において予め受領拒絶の意思を表示した場合においても，その後意思を翻して弁済を受領するに至る可

*1｜言語上の提供
493条ただし書が定める弁済の提供の方法は，「口頭の提供」とよばれる。本判決が「言語上の提供」というのも，これと同じ意味である（[判例02]*6[p.12]をも参照）。

能性があるから，債権者にかかる機会を与えるために債務者をして言語上の提供をなさしめることを要するものとしているのである。しかし，債務者が言語上の提供をしても，債権者が契約そのものの存在を否定する等弁済を受領しない意思が明確と認められる場合においては，債務者が形式的に弁済の準備をし且つその旨を通知することを必要とするがごときは全く無意義であって，法はかかる無意義を要求しているものと解することはできない。それ故，かかる場合には，債務者は言語上の提供をしないからといって，債務不履行の責に任ずるものということはできない。」

本件の事実関係からすれば，Xは，「賃貸借契約そのものの存在を否定して弁済を受領しない意思が明確と認められるから，たとえYが賃料の弁済につき言語上の提供をしなくても，履行遅滞の責に任ずるものとすることができない」。

以上より，Xによる契約解除の主張は認められない。

 解説

I. 弁済の提供

弁済の提供がされると，債務者は不履行によって生じる責任を免れる（492条）。それでは，どのような行為をすれば弁済の提供があったと認められるのだろうか。

この点について，民法は，①原則として，債務の本旨に従った現実の提供をしなければならないが（493条本文），②例外的に，債権者があらかじめ受領を拒んでいるとき，または，債務の履行について債権者の行為が必要なときには，口頭の提供（＝弁済準備の通知＋受領の催告）をすれば足りるとしている（493条ただし書）。

②の例外が認められているのは，信義則（1条2項）のあらわれだと説明される。債権者は，履行を求める権利を有するだけでなく，債務の履行に協力しなければならない（判例11-A：大判大正14・12・3民集4巻685頁も参照）。だから，債権者が受領してくれないせいで履行を終えられないときは，債務者は，口頭の提供をして債権者の協力を促しさえすれば，もはや債務不履行責任を負わないとしたのである。

II. 口頭の提供も不要となる場合

本件で問題となったのは，債権者があらかじめ弁済の受領を拒んでいるときであっても，常に口頭の提供は必要なのか，あるいは，それすらも不要になる場合があるのかということであった。

この問題については，本判決以前にも，本判決と同様の理由を述べて，口頭の提供が不要な場合もあるとした判決があった（判例11-B：最判昭和23・12・14民集2巻13号438頁）。本判決は，これを引き継いだものといえる。

もっとも，こうした立場に対しては，学説上は批判が強く，本判決でも，大法廷の

判例 11-A

「深川渡（ふかがわわたし）」事件として知られる有名な判決である。引渡場所を「深川渡」と取り決めて結ばれた大豆粕の売買契約において，売主は，深川（現在の東京都江東区）にある倉庫に大豆粕を用意し，これと引換えに代金を支払うように買主に求めたが，買主がこれに応じなかったため，契約を解除するとの通知をした。ところが，当時の慣習（92条）によると，「深川渡」とは「売主が買主に対して倉庫を指定して引き渡す」という意味で用いられる取決めだったのだが，本件では，売主は倉庫を指定していなかった。そこで，買主が解除は無効だと主張したのに対して，判決は，買主は，引取りの意思があったならば，自分から引渡場所を問い合わせるべきであったのであり，それをしなかった以上，自身の債務不履行責任を免れないとした。

判例 11-B

本件同様，賃貸人が賃料の受領を拒絶した事案。あらかじめ履行拒絶の意思が明確にされている場合に口頭の提供をさせるのは無意味であるとの理由で，口頭の提供をしなくても債務不履行責任を免れることがあるとした。

15人中，5人の裁判官が少数意見を述べている。批判の要点は，2つある。

① 本判決によれば，債権者があらかじめ受領を拒絶する場合の取扱いは，拒絶の意思が明確かどうかによって区別される。しかし，過去に受領拒絶の意思を明確に示していたとしても，弁済の提供を受ければ態度を変える可能性はあるはずである。そのような場合にも口頭の提供をさせなければ，493条ただし書を設けた意味が失われてしまう。

② 弁済の提供によって債務者が債務不履行責任を免れるのは，債務者ができる限りのことをしたからである。しかし，本判決のように，債務者が何もしないでも債務不履行の責任を負わないというのでは，まったく履行準備をしていない債務者まで債務不履行責任を免れることとなり，不合理である。

Ⅲ. 本判決の射程

これらの批判に対して，どのように応えることができるだろうか。

1 ▸▸ 受領拒絶の意思とは何か？

批判①についていえば，口頭の提供が無益かどうかの線引きはたしかに難しく，口頭の提供は一律に必要なのだと考えることには十分な理由がある。たとえば，本判決の直後，同じく賃貸借契約における賃料の受領拒絶が問題となった事案では，賃貸人が1か月分の賃料の受領を拒絶しただけでは受領拒絶の明確な意思が表示されたとはいえないとされたが（判例 **11-C**：最判昭和 32・9・12 民集 11 巻 9 号 1510 頁），本件との違いは微妙である。事案を細かくみると，本件では賃貸人が契約の存在自体を否定していたのに対して，判例 11-C では賃料の額だけが争われていたという違いはある。けれども，1度でも受領を拒んだ以上，受領拒絶の意思はもはや明確だという見方もできるだろう。事実，その後の判例では，建物の賃貸人が現実に提供された賃料の受領を拒絶したときは，その後の賃料についても受領拒絶の意思を明確にしたといえると判断されている（判例 **11-D**：最判昭和 45・8・20 民集 24 巻 9 号 1243 頁）。

これら2つの判決が採用した考え方は，互いに矛盾するようにみえる。どちらの立場が適切かは，理屈だけでは決められない。本判決が口頭の提供も不要だと判断した背後には，受領を拒絶される可能性が高い弁済の提供をする手間を債務者に求めるよりも，債権者の側から「受領する」と通知させたほうが無駄がないという考慮があったのだろう。

2 ▸▸ 債務者は履行準備をしなくてよいのか？

これに対して，批判②が指摘する問題は，その後の判例によって解決された。債権者が受領拒絶の意思を明確にしている場合であっても，債務者が弁済の準備もできないような経済状態にあり，口頭の提供さえもできないときは，債務不履行責任を免れることはないとされたのである（判例 **11-E**：最判昭和 44・5・1 民集 23 巻 6 号 935 頁）。つまり，本判決の考え方に立つとしても，②の批判は当たらないわけである。

判例 11-C
賃貸人が賃料の受領を拒絶した事案。本判決との関係は微妙であり，調査官解説では，「担当裁判官は，心底では本判決に反対していたのではないか」との推測も示されている（長谷部茂吉・最高裁判所判例解説民事篇昭和32年度187頁。
なお，調査官解説は，その名のとおり，最高裁判所の「調査官」（裁判所法57条。法的見解の調査等を行って最高裁判事の仕事を助ける。経験を積んだ裁判官が任命される）が執筆する解説であり，最高裁判所民事判例集（略して「民集」）登載の判例について公表される。最高裁の判決を理解するための重要な資料である。

判例 11-D
賃貸人が賃料の受領を拒絶した事案。これに加えて，判決は，いったん受領拒絶の意思を明確にした債権者が，債務不履行を理由として契約を解除するためには，まずは受領遅滞状態を解消するための措置を講じなければならないとした。たとえば，「履行してくれるならば誠実に受領するつもりだ」と債務者に通知するなどの行為が要求されよう。

判例 11-E
賃貸人が賃料の受領を拒絶した事案。本判決をふまえたうえで，その趣旨は，経済状態が悪いために弁済の準備ができない場合にまで債務者の免責を認めるものではないとした。

Chapter **III**

本章で学ぶこと

1. 債権者代位権
2. 詐害行為取消権

責任財産の保全

Contents

　債務者が任意に債務の履行をしないとき，債権者は，国家の力を借りて債権の実現を図ることができる（履行の強制，414条）。たとえば，AがBに対して100万円の債権を有していたが，Bがこの債務を履行しない場合，Aは，民事執行法の定める強制執行手続により，Bの財産を換価し，その売却代金から100万円の配当を受けられる。債権の引当てにされる対象は，債務者の総財産から生活必需品などを除いた部分で，これを責任財産（一般財産）とよぶ。

　ところで，こうして債権者が債権の満足を得られるのは，あくまで債務者が債権額を上回る責任財産をもっていればこそ，のことである。上の例で，もしBが60万円しか責任財産をもっていなかったなら，Aは100万円の債権全額の回収はできない。Aの債権は，このように債務者Bが無資力になると，「絵に描いた餅」＝不良債権となるのである。

　債務を負っている者でも，自己の所有する財産については自由に処分をできるのが原則ではある。しかし，債務者が身勝手に自身の財産を減少させ，そのために債権者が債権の実現を図れなくなるようなことまで許すわけにはいかない。そこで，債務者が責任財産を適切に管理していない場合に，その責任財産の維持・回復を図るための権限が債権者に認められた。これが責任財産保全制度であり，債権者代位権（Ⅲ-1）と詐害行為取消権（Ⅲ-2）がこれにあたる。

1

Introduction

債権者代位権

> お店を始めたいから頼むっていうんで，ボールペンくんに 300 万円も貸してあげたのに，彼，全然返してくれないんだ。お金にルーズな彼は，シャーペンくんに替芯を売った代金も請求しないまま 5 年近く放ってあるらしい。ちゃんと仕事して儲けてくれないと，いつまでも僕にお金を返せないままになるんじゃないの。も〜，僕が彼に代わってシャーペンくんから取り立てちゃいたいよ！

1. 債権者代位権の意義と要件

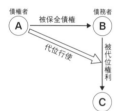

債権者代位権を行使する債権者（代位債権者）が債務者に対して有する債権を「被保全債権」，代位行使の対象となる債務者の権利を「被代位権利」という。

債権者代位権とは，債権者が，自己の債権を保全するために，債務者に代わって債務者の権利を行使できるものとした制度である。上の例では，シャーペンくん（C）に対するボールペンくん（B）の代金債権が時効消滅することのないよう，B の債権者であるエンピツくん（A）は，B に代わって C に請求をし，時効の完成をくいとめることができる（147 条 1 項 1 号）。債権者は，こうして債権者代位権の行使によって，強制執行に向けて債務者の責任財産の減少を防ぐことができる。

債権者代位の要件は，①保全の必要性があること（債務者の無資力），②代位の客体（被代位権利）が債務者の一身専属権または差押えを禁じられた権利でないこと，③債権者の債務者に対する債権（被保全債権）の履行期が到来していること（保存行為を除く），④被保全債権が強制執行で実現できるものであること等である（423 条）。

2. 代位行使ができる範囲と行使の効果

債権者は，被代位権利の目的が可分なときは，被保全債権の限度でのみ被代位権利を行使できる（423 条の 2）。このことには，債権者代位によって，代位債権者が自己の債権を優先的に回収できる効果も得られることが関係している（→［判例 **12**］）。

3. 個別権利の実現のための代位権行使

L から M，M から N と土地が譲渡されたが，登記名義が L にとどまっているために，N は登記名義を得られない。この場合，N は，登記を自己の名義にするため，債権者代位権により，M の L に対する登記請求権を代わりに行使できる（423 条の 7）。M は，債務者の責任財産から満足を受ける金銭債権をもつわけではなく，このように個別権利を実現するための代位権行使の要件等については，責任財産保全を目的とする場合とは別の扱いがされている（個別権利実現準備型→［判例 **13**］）。

*1｜登記請求権
不動産の買主は，売主に対して，登記移転手続に協力するよう求める権利をもっており，これを登記請求権という。

12 代位行使の範囲

最高裁昭和44年6月24日判決（民集23巻7号1079頁）

事案をみてみよう

資本金[*1]200万円の株式会社Aの設立にあたり，発起人Yは，銀行から借りた200万円を株金として払い込んだが，Aが設立された直後にAから200万円を借り，これで銀行に対する借入金の返済をした。

Aに対して約230万円の債権を有していたXは，その支払をAに求めるとともに，無資力であるAに代位して，株式振込金200万円とその遅延損害金の支払をYに請求した。Yの株金払込みは単なる見せ金[*2]であって，実質的にはAに有効な払込みをしていない，というのである。

原審はXの請求を全面的に認めたが，これに対してYは，遅延損害金を含めると，AのYに対する被代位権利がXのAに対する被保全債権よりも過大となっており，代位権行使の範囲を逸脱している，として上告した。

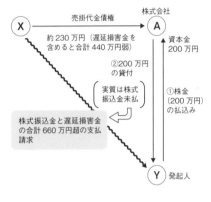

☑ 読み解きポイント

債権者代位権は債権保全に必要な範囲でのみ行使しうるものだとすれば，Yが主張するように，被保全債権を超える額の債権を代位行使するのは認められないことになる。しかし，責任財産は債権者全員で按分するものであって，代位行使した分がそのまま代位債権者のものになるわけでなく，そうだとすれば，被保全債権額を超える行使も不当とはいえない。とりわけ本件においては，YはAに資産があるかのように見せかけてAの債権者を欺いていたのだから，債権者を代表してXが全額の株金払込みを請求することも認められてよいように思えるが，どうか。

判決文を読んでみよう

「債権者代位権は，債権者の債権を保全するために認められた制度であるから，これを行使しうる範囲は，右債権の保全に必要な限度に限られるべきものであって，<u>債権者が債務者に対する金銭債権に基づいて債務者の第三債務者[*3]に対する金銭債権を代位行使する場合においては，債権者は自己の債権額の範囲においてのみ債務者の債権を行使しうるものと解すべきである。</u>」

本件においては，債権者XのAに対する債権は，元本の約230万円に遅延損害金

*1 | 資本金

株式会社を設立する際に，株式を発行することにより出資者から集められたお金で，会社が業務を行うための資金となる。

*2 | 見せ金

会社を設立する際，資本金にあてる資金を借り入れて，会社設立後に直ちに同額を返済するといった手口がとられることがある。資本金に相当する資金があるように見せかけているが，実際にはそれに見合うお金が存在しないわけで，会社の債権者を欺く行為といえる。平成17（2005）年の会社法施行とともに最低資本金制度が廃止されたため，現在は見せ金のようなやり方で資本金を用意する必要がなくなった。

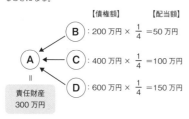

【債権額】　　【配当額】

B ：200万円 × $\frac{1}{4}$ ＝50万円

A ← C ：400万円 × $\frac{1}{4}$ ＝100万円

＝

責任財産 300万円　D ：600万円 × $\frac{1}{4}$ ＝150万円

を加えた合計額は440万円に満たない一方,AのYに対する債権は,元本の200万円に遅延損害金を加えた合計額は660万円を超える。[＊4]そうすると,Xは,自己の債権額を超えてAのYに対する債権の全額について代位行使することはできない。

⇩ **この判決が示したこと** ⇩

本判決は,被保全債権と被代位権利がいずれも金銭債権である場合について,債権者代位権は,債権保全に必要な限度に限定されるべきという見地から,被保全債権の範囲でのみ行使が認められることを示した。本判決が示した内容は,債権法改正により新設された423条の2に明文化されている。

☞ 解説

Ⅰ. 債権者代位権の制度趣旨から考える

1 ▸▸ 債務者の財産管理へ介入する制度としての側面

たとえ債務を負っている者であろうとも,自身の財産の管理や処分は自由にできるのが原則であり,債権者代位権や詐害行為取消権は,あくまでもその例外として,債権者による債務者の財産への介入を認めるものである。そうであるならば,債権者代位権の行使は,自己の債権の満足を図るために必要最小限の範囲でのみ認められるべきである。こうした側面から考えると,代位債権者は自己の債権額の範囲でしか代位行使できない,という本判決の結論は,妥当なものといえそうである。

2 ▸▸ 債権者が複数いる場合に得られる配当額は

しかし,被保全債権額の範囲で代位行使が認められさえすれば自己の債権を保全するのに十分だ,と果たしていえるのだろうか。

債務が責任財産を上回る債務超過の状態に債務者が陥っているときには,たくさんの債権者がいるのが普通である。そうしたとき,強制執行によって各債権者が債務者の責任財産から受けられる配当は,各債権者が平等の割合で按分した額となる（債権者平等の原則[＊5]）。したがって,ほかにも債権者がいるときには,責任財産から得られる配当は債権額より少なくなる可能性が高く,そうなると,代位債権者としては,被保全債権額の範囲で代位権行使が認められても,自己の被保全債権について完全な満足は得られない。そのため,自己の債権を回収する可能性を真に高めるには,被保全債権の範囲を超えた債権者代位権の行使も許容されてよい,とも考えられる。

3 ▸▸ 責任財産保全のための制度としての側面

そもそも債権者代位権の制度趣旨は,強制執行の準備として責任財産を保全することにある。責任財産というのは,総債権者の共同担保[＊6]となるものであるから,債権者代位権は,代位行使をする債権者自身のみならず,他の債権者のためにも行使されるべきものともいえる。そうすると,総債権者の債権合計額の範囲までは代位権行使を認めてよいと考えることができ,実際そのように解する学説も有力であった。

II. 債権者代位権行使の効果・現実の機能から考える

しかし，多くの学説は，代位行使の範囲を限定する本判決の結論を支持していた。その背景には，行使によって得られる実際の効果が，責任財産保全という本来の制度趣旨よりも拡大している，という事情がある。

代位行使により得られた財産は，総債権者のため債務者の責任財産に組み入れられるのが原則である。たとえば，債務者が不動産を購入したのに登記名義の移転を怠っているため，債権者が登記請求権を代位行使するときは，あくまで売主から債務者に名義を変えるよう請求できるだけであって，代位債権者の名義にする請求はできない。

ところが，代位権行使により第三者に金銭の支払や不動産の明渡しを求める場合については，判例は，債務者がその受取りを拒む可能性もあることから，代位債権者は直接自己に支払や明渡しをするよう請求できるとしている（判例 **12-A**：大判昭和 10・3・12 民集 14 巻 482 頁，判例 **12-B**：最判昭和 29・9・24 民集 8 巻 9 号 1658 頁）。

さらに，被保全債権と被代位権利がともに金銭債権の場合，債権者は，第三者から受け取った金銭を債務者に返還する債務と自己の被保全債権とを相殺することも認められている。代位債権者は，強制執行をするよりも簡易な方法で，かつ，債権者平等により按分配当を受ける前に，他の債権者に優先して自己の債権の満足を受けることができるのである（事実上の優先弁済機能→**Chapter VI-2** 参照）。

このように，債権者が第三者から金銭を直接受領できるとされている以上，被保全債権以上の額の代位権行使を認めてしまうと，代位債権者が，被保全債権額を超える部分を債務者に返還せず，債務者や他の債権者を害する事態も生じかねない。本判決は，代位権行使から現に得られるこうした効果を見据えたものであったといえる。

III. 債権法改正における議論と現行法の規律

債権法改正に際しては，債権者代位権を本来の責任財産保全の制度として純化させることをめざし，代位債権者が受領した金銭につき自己の債権と相殺することを禁じて優先弁済の効力を得られなくしたうえで，被代位債権の全額につき債権者代位権を行使できるようにすべきではないか，という意見もみられた。しかし最終的には，債権者代位権の規定については，従来の判例法理を明文化する形がとられた。すなわち，423 条の 3 では，債権者は直接自己への金銭の支払または動産の引渡しを請求できるものとされ，本判決の内容も 423 条の 2 に受け継がれた。

なお，従来の判例では，債権者が代位権行使に着手したことを債務者に通知するか，または債務者がこの着手の事実を了知した時から，債務者はその権利を行使できなくなるとされていた（大判昭和 14・5・16 民集 18 巻 557 頁，最判昭和 48・4・24 民集 27 巻 3 号 596 頁）。しかし，現行法では，この従来の判例を変更し，債権者が被代位権利を行使し，相手方に直接金銭の支払等を求めたときでも，相手方は債務者に対して履行をすることができるし，債務者は自ら取立てをすることもできるとされた（423 条の 5）。債務者が相手方の履行を受領すれば，被代位権利は消滅するから，代位債権者は直接受領をすることができなくなる。したがって，改正前に比べると，債権者が相殺によって優先弁済を受けられる場合は縮小したことになる。

判例 **12-A**

もし債務者が第三者からの給付を受領しないときには債権者の債権を保全することができなくなることを理由として，金銭につき代位債権者は直接に受領できるとした。

判例 **12-B**

建物の賃借人が，賃借権を保全するため賃貸人たる建物所有者に代位して建物の不法占拠者に対しその明渡を請求する場合においては，直接自己に対してその明渡をすべきことを請求できるとした。

債権者代位権の無資力要件

事案をみてみよう

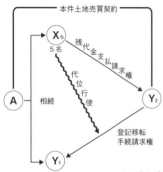

本件土地売買契約

A　相続

X ら
5名

残代金支払請求権

代位行使

Y₂

登記移転
手続請求権

Y₁

Ａは，自己所有の本件土地を弟妹（以下まとめて Y₂ という）に約 600 万円で売却する旨の売買契約を Y₂ との間で結んだ。同契約では，代金は契約時に 100 万円，6 か月経過後に残額を支払うこと，代金完済時に所有権移転登記手続をすることとされていた。[*1]

同契約の締結から 4 か月後に Ａ が死亡し，Ａ の子である X ら 5 名と Y₁ が Ａ を相続したが，相続人間で遺産分割につき紛争が生じたため，残代金の支払も所有権移転登記手続もされないままとなった。数年後，Y₂ は，X らと Y₁ に対し，残代金を支払うから本件土地の所有権移転登記手続に必要な書類を送付してほしいと催告した。X らはこれに応じたが，Y₁ が応じなかったため，登記移転手続ができず，そのために Y₂ は残代金の支払をしなかった。[*2]

そこで，X らは，Y₂ に代位して，Y₁ に対し，Y₂ から残代金の 6 分の 1 の額の支払を受けるのと引換えに，本件土地につき所有権移転登記手続をするよう求め，また，Y₂ に対し，X らおよび Y₁ が本件土地の所有権移転登記手続をするのと引換えに，X らそれぞれに残代金の 6 分の 1 の額を支払うよう求めて，訴えを提起した。[*3]

原審は，Y₂ が無資力か否かにかかわらず X らによる債権者代位権の行使は認められるとした。これに対して Y₁ は，金銭債権に基づく債権者代位権の行使には債務者の無資力が要件となるはずであるとして上告した。

[*1]
Y₁の主張によれば，死の病床にあって医療費の支払に窮していたAが，金策のため肉親のY₂に本件土地の買取りを求めたようである。

[*2]
Y₁が登記移転手続に応じなかったのは，背景事情として，Aの扶養をひとりY₁のみが担っていたとして，Xらとの間で遺産分割につき争いが生じていたことがあり，また，Xらの意向と異なり，Y₁としては，AY₂間の売買契約における代金が本件土地の評価額を下回るものであったことを争いたいと考えていたためでもあった。

[*3]
裁判では，Y₂は，争うことなく，Xの請求をそのまま認めた。

☑ 読み解きポイント

Y₂は，登記移転手続がされるまでは，Xらの残代金支払請求を拒むことができる（同時履行の抗弁権，533条）。Y₂への登記移転手続はXらとY₁とが共同しなければできないところ，Y₁がそれを拒んでいるために，XらはY₁に対して代金支払を請求できなくなっている。そうした状態を打ち破って，自らの権利を実現させるため，Xらは債権者代位権を用いようとしているわけである。

判例は，被保全債権が金銭債権の場合の代位権行使には，債務者の無資力が必要だとしている。本件においてXらがY₂に対して有する被保全債権は金銭債権であるから，この判例法理によると，Y₁のいうように，Y₂が無資力でなければXらの代位権行使は認められないことになる。しかし，本件におけるXらの主張の可否は，果たしてY₂の資力の有無で左右されるようなものなのだろうか。

判決文を読んでみよう

「被相続人が生前に土地を売却し，買主に対する所有権移転登記義務を負担していた場合に，数人の共同相続人がその義務を相続したときは，買主は，共同相続人の全員が登記義務の履行を提供しないかぎり，代金全額の支払を拒絶することができるものと解すべく，したがって，共同相続人の1人が右登記義務の履行を拒絶しているときは，買主は，登記義務の履行を提供して自己の相続した代金債権の弁済を求める他の相続人に対しても代金支払を拒絶することができるものと解すべきである。そして，この場合，相続人は，右同時履行の抗弁権を失わせて買主に対する自己の代金債権を保全するため，債務者たる買主の資力の有無を問わず，民法 423 条 1 項本文により，買主に代位して，登記に応じない相続人に対する買主の所有権移転登記手続請求権を行使することができるものと解するのが相当である。」

⇩ **この判決が示したこと** ⇩

判例・通説は，債権者代位権における被保全債権が金銭債権の場合には債務者の無資力が要件となると解している。本判決は，金銭債権を被保全債権とする債権者代位権の行使でも債務者の無資力が不要な場合があることを示したものである。

解説

Ⅰ. 債権者代位権の無資力要件と「転用型」

1 ▸▸ 「債務者の無資力」要件の必要性

〔判例 12〕の〔解説〕でも述べたように，債権者代位権は，債権者が自己の債権の実現を図るため，例外的に債権者による債務者の財産への介入を認めたものである。金銭債権を有する債権者は，債務者が債権回収に十分なだけの責任財産をもっているならば，債権保全のため債権者代位権を行使する必要はない。通説・判例が，423 条 1 項の「自己の債権を保全するため必要があるとき」という要件を，債務者の資力に不足があること（無資力）を意味するものと解してきたのは，そうした理由による（判例 **13-A**：最判昭和 40・10・12 民集 19 巻 7 号 1777 頁）。

2 ▸▸ 被保全債権が特定の債権である場合の代位権行使

金銭債権を有している債権者は，債務者の責任財産のなかにあるどの財産に対しても強制執行をすることができる。だからこそ，金銭債権を有する者は，債務者の責任財産の全体を保全したくなる，といえる。ところが，金銭債権ではない特定の債権を有する者は，その特定の給付を求めることができるだけで，他の財産に強制執行をすることはできないから，（債務不履行により損害賠償請求権が生じているのでない限り）責任財産の減少に直接影響を受けるわけではない。**Introduction**（p. 48）でも示した例であるが，A から B，B から C と不動産が売却されたが，登記名義が A にとどまっている場合，登記を自己名義にしたい C は，B に対する登記請求権の実現を図るため，B の A に対する登記請求権を代位行使することが考えられる。この C の B に対する登

判例 13-A

債権者は，債務者の資力が当該債権を弁済するについて十分でない場合に限り，自己の金銭債権を保全するため，債権者代位権を行使しうると解すべきであり，債務者の無資力は債権者が立証責任を負うものとした。

記請求権を実現するうえで，Ｂが無資力であるかどうかは，無関係といえる。

このように，自身のもつ特定の債権を実現するため，それと関連する債務者の権利を代位行使する場合は，無資力要件は不要と解されてきた。責任財産保全という本来の制度趣旨とは異なる用い方という意味で，債権者代位の「転用型」とよばれていた。

転用型の代表例は，上に述べた登記請求権保全のための登記請求権の代位行使であり（判例13-B：大判明治43・7・6民録16輯537頁），債権法改正において423条の7に明文化された。これにより，個別権利の実現のための債権者代位権は，単なる「転用」ではなく，債権者代位権の一類型としての位置づけが与えられたといえる。

このほか，判例にあらわれた個別権利実現準備型の債権者代位権としては，不動産賃借権を被保全債権とする妨害排除請求権の代位行使（大判昭和4・12・16民集8巻944頁），抵当権設定者に対する抵当権者の担保価値維持請求権を被保全債権とする妨害排除請求権の代位行使（判例13-C：最大判平成11・11・24民集53巻8号1899頁）がある。もっとも，この2例に関しては，対抗要件が具備されている場合の不動産賃借権に基づく妨害停止請求（605条の4）や，抵当権に基づく妨害排除請求（最判平成17・3・10民集59巻2号356頁）が認められるに至っており，代位行使によるべき必要性は縮減ないし解消している。

Ⅱ．本事案の特殊性と無資力要件

本事案では，被代位権利は登記請求権であるが，被保全債権は金銭債権である。通常，金銭債権は，上でみた個別権利にはあたらず，そうすると無資力が要件となるはず，とも思える。しかし，本件のＸらは，Ｙ₂の資力に不安があって，残代金の支払を確保するため責任財産を保全しなければならない必要がある，というのではない。Ｙ₁のＹ₂に対する義務履行がないと残代金の支払が受けられないという関係にあるからこそ，代位行使を求めているのである。つまり，本件の被保全債権は，金銭債権ではあるものの，個別権利として捉えられるものであって，そうであるがゆえに，本件は，無資力要件が不要な個別権利実現準備型の代位権行使の事例といえる。

Ⅲ．金銭債権保全のための金銭債権の代位行使と無資力要件

本判決からさらにすすんで，学説では，金銭債権を保全するため金銭債権を代位行使する場合にも，無資力要件を不要とみてよいものがある，との指摘がある。

たとえば，交通事故の被害者Ａが，加害者Ｂの保険会社Ｃに対する責任保険の保険金請求権につき，加害者の資力を問わず代位行使をすることはできるか。判例は，無資力要件を必要としているが（判例13-D：最判昭和49・11・29民集28巻8号1670頁〔百選Ⅱ-10〕），多数説は反対をしている。保険会社が加害者に支払う保険金は加害者が被害者に支払う損害賠償金に充てるためのものであるし，被害者救済の見地からも，加害者の無資力を立証しなくても保険会社への支払請求は認められてよい，というわけである。このように，Ａ―Ｂ―Ｃと権利・利益が連鎖し，両債権の間に密接な関連性があるような場合には，債務者（中間者）Ｂの無資力を要せず，ＡからＣへの「直接請求権」が広く認められるべきという見方は，現在の学説において有力化している。

代位行使できない「一身専属権」とは

「債務者の一身に専属する権利」は代位行使の対象にならない（423条1項ただし書）。権利を行使するかどうかを決めるのに他人が介入してはならないものがある，というわけである。では，判例は，具体的にどのような権利がこれに該当するとみているのだろうか。

1. 親族・相続法上の諸権利

親族法上の地位自体にかかわる権利（離婚請求権，婚姻・縁組取消権，嫡出否認権，認知請求権など）については，本人の意思を尊重すべきであり，財産権に直接関係をもつものでもないから，代位行使できないのは当然であるが，親族・相続法上の権利のうち財産的内容を含むものについては議論がある。

（1）**離婚に伴う財産分与請求権**　離婚によって生じる財産分与請求権（768条）は一身専属性がある。判例は，「協議あるいは審判等によって具体的内容が形成されるまでは，その範囲及び内容が不確定・不明確であるから，かかる財産分与請求権を保全するために債権者代位権を行使することはできない」としている（最判昭和55・7・11民集34巻4号628頁）。

（2）**相続法上の諸権利**　相続の承認・放棄をする権利（915条以下），相続回復請求権（884条），遺産分割請求権（907条），遺留分減殺請求権（1031条）といった相続法上の権利については，特に見解が対立している。身分行為に関する意思は尊重されるべきで，その意思決定に債権者を介入させるべきではないとして一身専属性を広く認める見解がある一方，債権者の利益を犠牲にしてまで債務者の意思を尊重すべきとはいえないとして代位権行使を認める方向性を示す見解もある。

判例は，相続人の債権者が相続人に代位して遺留分減殺請求権を行使した事案において，遺留分減殺請求権は，これを行使するかがもっぱら遺留分権利者の自立的決定に委ねられるべきものだから，権利行使の確定的意思を有することを外部に表明したと認められる特段の事情がある場合を除き，債権者代位の目的とすることができない，としている（最判平成13・11・22民集55巻6号1033頁）。同判決は，この場合の債権者の利益について，「債務者たる相続人が将来遺産を相続するか否かは，相続開始時の遺産の有無や相続の放棄によって左右される極めて不確実な事柄であり，相続人の債権者は，これを

共同担保として期待すべきではないから，このように解しても債権者を不当に害するものとはいえない」との見方を示している。

2. 消滅時効の援用権

時効を援用するかどうかは，当事者（正当な利益を有する者を含む）の意思に任されている（145条）。消滅時効の利益を享受することを欲しないで誠実に債務を履行しようという債務者の意思を尊重する趣旨である。このことを重視するならば，債務者の意思に反して債権者が時効を援用することは認められない，ということになる。しかし，判例は，債権者の利益保護を重視し，消滅時効の援用権については，債権の保全に必要な限度で債権者が代位行使できるとしている（最判昭和43・9・26民集22巻9号2002頁）。

3. 人格的利益の侵害による慰謝料請求

名誉などの人格的価値が侵害された場合の損害を慰謝料として請求するかは，被害者自身の意思に委ねられており，一身専属権にあたる。もっとも判例は，傍論ではあるが，具体的な金額の慰謝料請求権が当事者間において客観的に確定したときは，もはや単に加害者の現実の履行を残すだけで，その受領についてまで被害者の自律的判断に委ねるべき特段の理由はないから，代位行使ができるとしている（最判昭和58・10・6民集37巻8号1041頁）。なお，同判決は，被害者がそれ以前の段階において死亡したときも，慰謝料請求権の承継取得者についてまで行使上の一身専属性を認めるべき理由はないから代位行使をなしうる，とも述べているが，この点については学説の多くが批判をしている。

*　　　　*　　　　*

債権者代位権の「一身専属権」におけるのと同様の議論は，詐害行為取消権にもみられる。財産権を目的とした行為のみが詐害行為取消しの対象とされるが，家族法上の各種行為がこれにあたるかが問題となる（離婚の際の財産分与につき最判昭和58・12・19民集37巻10号1532頁，相続放棄につき最判昭和49・9・20民集28巻6号1202頁，遺産分割協議につき最判平成11・6・11民集53巻5号898頁等）。

Introduction

2

詐害行為取消権

> 僕が300万円を貸してあげたボールペンくん，今度は，先祖伝来の高価な万年筆をシャーペンくんにタダであげちゃったって。いくらシャーペンくんに長年お世話になっていたからって，そんなことしてボールペンくんに無一文にされたら，お金を貸してあげてる僕こそ困るんだってば。そんな身勝手なこと，絶対許さない！

1. 詐害行為取消権の要件「詐害行為」とは

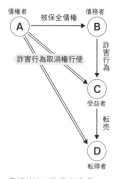

債権者Aが詐害行為取消権を行使するときの相手方は，債務者Bとの間で詐害行為をした受益者Cとなる。なお，詐害行為により受益者に移転した財産がさらに転得者Dに移転している場合は，転得者に対して詐害行為取消権を行使することもできる（→〔判例14〕参照）。

債権者は，債務者が債権者を害することを知ってした行為を取り消すことができ，これを詐害行為取消権という（424条1項）。債権者を害する債務者の行為（＝詐害行為）については，債務者による財産の無償譲渡などがこれに該当するのは明らかである。では，債務者が自己所有の不動産を適正価格で売却することは，不動産が金銭に形を変えただけであって，責任財産の減少を生じさせるものではないが，それでも詐害行為取消しの対象となるのか。従前の判例には，これを肯定したものがあったが（→〔判例15〕），債権法改正によって，これに対応する条文が（従前の判例法理を修正する形で）新設された（424条の2）。

2. 取消権の内容・効果と請求の相手方

詐害行為取消権の行使により，詐害行為の取消しと債務者のもとから失われた財産（逸出財産）の取戻しという効果がもたらされる（424条の6）。取消請求は受益者を相手方とするが，受益者に移転した財産を転得した者にも請求できる（424条の5）。こうした詐害行為取消権の理解は明治期の大審院判例によって確立したもので，債権法改正後の民法においても基本的には維持されたが，取消権行使の効力が及ぶ者の範囲については変更された（→〔判例14〕）。

3. 逸出財産の回復としての返還請求

債務者による不動産の譲渡につき詐害行為取消権が行使されたとき，その効果として認められるのは，登記名義を債務者に戻すところまでである。他方，返還対象が金銭や動産の場合は，取消権を行使した債権者への引渡しも認められており（424条の9），取消債権者が他の債権者に優先して債権を回収することも可能となっている。責任財産保全という制度趣旨を超えるため，債権法改正に至るまで，その当否が長らく議論されてきた（→〔判例16〕）。

14 取消訴訟のしくみ

大審院明治44年3月24日連合部判決（民録17輯117頁）

事案をみてみよう

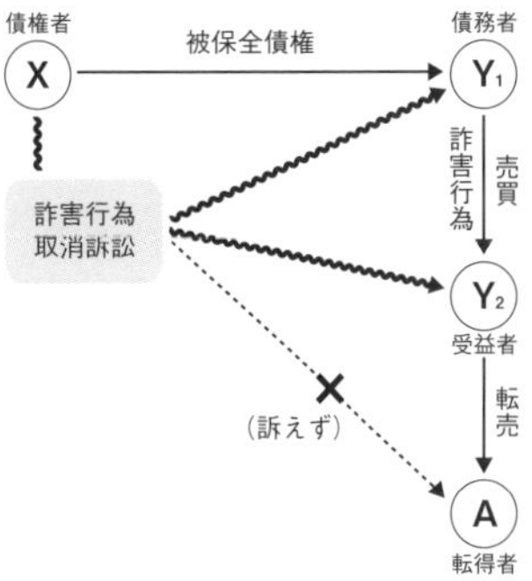

Y₁はY₂に対して自己所有の山林を売却したが，Y₁の債権者Xは，これが詐害行為にあたるとして，Y₁Y₂間の売買の取消しと所有権移転登記の抹消登記を求め，Y₁とY₂を被告として訴えを提起した。ところが，当該山林は，訴え提起時にはすでにY₂からAへと転売されていたことが，控訴審の段階で明らかになった。

原審は，Y₁Y₂間の売買は詐害行為として取り消されるべきものであることを認めながら，次のような理由でXの訴えを却下した。詐害行為取消権は債務者の給付能力を回復することを目的とするものであるから，財産が転得者に帰属しているのに，転得者に対して取消権を行使せず，受益者に対して取消権を行使して法律行為を取り消すだけでは債務者の給付能力を回復するのに十分ではなく，後日の転得者に対する取消権行使や受益者に対する賠償請求の前提となるにすぎないものであるから，Xの訴えは訴えの利益を欠く[*1]。これに対してXが上告した。

債権者 X ─ 被保全債権 → 債務者 Y₁
詐害行為取消訴訟
売買 詐害行為
Y₂ 受益者
転売
（訴えず）
A 転得者

✓ 読み解きポイント

本判決より前の大審院判決には，転得者がいる場合の詐害行為取消訴訟は，債務者・受益者・転得者の三者を被告とすべきとしたものがあった[*2]。転得者Aを被告としていない本件訴えは，この判決に反する。また，詐害行為取消権の行使が債務者から逸出した財産の回復を求めるものだとすれば，現在は所有者でない受益者Y₂を訴えても意味がなく，却下されてもしかたないとも思える。

しかし，債権者としては，債務者の財産が転売されていることを知らないこともある。にもかかわらず，受益者しか訴えていないからといって却下されてしまってよいのか。また，詐害行為に関与した受益者が，転売をしたことにより，詐害行為取消訴訟の被告から外れ，責任を免れることになるのは，妥当といえるのか。

判決文を読んでみよう

(1)　「詐害行為廃罷訴権[*3]は，債権者を害することを知りて為したる債務者の法律行為を取消し債務者の財産上の地位を其法律行為を為したる以前の原状に復し，以て債権者をして其債権の正当なる弁済を受くることを得せしめ……るを目的とす」。

← 判旨(1)：詐害行為取消権の性質＝折衷説

| 判旨(2):
取消権行使の効力
＝相対的取消し | ⇒ |

| 判旨(3):
債務者の被告適格
の否定 | ⇒ |

(2)　「詐害行為の廃罷は……一般法律行為の取消と其性質を異にし，其効力は相対的にして何人にも対抗すべき絶対的のものにあらず」。「其法律行為は，訴訟の相手方に対しては全然無効に帰すべしと雖も，其訴訟に干与せざる債務者，受益者又は転得者に対しては依然として存立することを妨げざると同時に，……其他の関係人との関係に於て……も其利害に何等の影響を及ぼすことなし」。

(3)　「債権者が……受益者又は転得者に対して訴を提起し，之に対する関係に於て法律行為を取消したる以上は，其財産の回復又は之に代るべき賠償を得ることに因りて其担保権を確保するに足るを以て，特に債務者に対して訴を提起し其法律行為の取消を求むるの必要なし。故に，債務者は其訴訟の対手人たるべき適格を有せ」ず。

*4 | 対手人

相手方（被告）のこと

| 判旨(4):
転得者を被告と
することは必須では
ない | ⇒ |

(4)　「財産回復の義務たるや，受益者又は転得者が……其行為に因りて債務者の財産を脱漏せしめたるが為めに生じたる責任に胚胎するものなれば，其財産を他人に譲渡したるに因りて之を免脱することを得ず，却て其財産の回復に代えて之を賠償することを要す」。「債務者の財産が転得者の有に帰したる場合に，債権者が受益者に対して廃罷訴権を行使し，法律行為を取消して賠償を求むると，転得者に対して同一訴権を行使し直接に其財産を回復するとは，全く其自由の権内に在り」。

| 判旨(5):
詐害行為取消訴訟
に財産回復請求が
含まれなくても訴
えの利益あり | ⇒ |

(5)　「債権者の請求に基づき法律行為の取消を命ずる裁判は，単に権利の成立不成立を確定する裁判にあらずして，法律行為の効力を消滅せしむるを以て目的とし，被告たる受益者，転得者は，其裁判に因り法律行為の消滅を認めざるべからざるの羈絆を受くるものなれば，其訴訟は単純なる確認訴訟にあらず。従て，後に提起する原状回復の訴訟の前提たるに拘らず，Xの為めに利益ある訴訟たるを妨げざるを以て，不適法なりとして之を却下することを得ず。」

*5 |

裁判で確定した事項について，当事者は後の裁判で争うことができない。判決が有している後の裁判を羈絆（＝拘束）する力のことを「既判力」という。被告となった受益者・転得者は，裁判で法律行為の消滅が認められた以上，これを後の裁判で蒸し返して争うことはできなくなる，というのが，ここの意味。

> ⇩　この判決が示したこと　⇩
>
> 　本判決は，まず詐害行為取消権の内容として折衷説（後述）を採ることを確認した。そして，取消権行使の効果は訴訟の相手方との関係でのみ生じるという相対的取消しであり，また，債務者は被告適格を有しないとした（判例変更）。さらに，転得者がいる場合でも受益者のみを被告として訴えを提起することができるとして，訴えの利益がないとして訴えを却下した原判決とは異なる結論を導いた。

*6 | 形成の訴え

訴えには，給付の訴え，確認の訴え，形成の訴えの3つの種類がある。このうち，形成の訴えとは，一定の法律状態の変更を求める訴えであり，判決によって新たな権利関係が生じる。なお，確認の訴えとは，法律状態について争いがあるとき，すでにある法律状態の内容について確認を求めるものであり，判決によって権利関係の変動が生じるわけではない。

 解説

Ⅰ．詐害行為取消権の性質

　詐害行為取消とは，どのような訴えで，どのような効果をもたらすものなのか。従来の判例が採用していた「折衷説＋相対的取消構成」の概要を，以下で説明してみよう。

1 ▸ 基礎となる2つの考え方

　判例法理となっている折衷説の基にあるのは，次の2つの考え方である。

　① 　形成権説　　詐害行為取消権を，詐害行為を取り消し，その効力を絶対的に失わせる形成権とみる見解である。取消権の行使は，詐害行為の当事者（債務者と受益者）を被告とする形成の訴えとなる。この説は，「取消し」という文言に忠実な理解

であるが，逸出財産の回復は別途債務者の不当利得返還請求の代位行使をしなければならず遠回りであるとか，絶対的無効では取引が混乱する，といった批判がある。

② **請求権説**　詐害行為取消権を，詐害行為の効力を失わせるものではなく，財産の取戻しを請求する権利とみる見解である。取消権の行使は，債務者の財産を有している受益者または転得者を被告とする給付の訴え[*7]となる。この説には，「取消し」という文言に反するとか，財産が逸出していない場合を説明できない等[*8]の批判がある。

2 ▸▸ 判例理論としての「折衷説＋相対的取消構成」

以上2つの見解のそれぞれの利点を活かし，弱点を克服するものとして，本判決以前から判例が採用していたのが，詐害行為取消権の行使を詐害行為の取消し（形成の訴え）と財産の取戻し（給付の訴え）をあわせもつとする折衷説であった。本判決は，このことをふまえつつ（→判旨 (1)），詐害行為取消権行使の効果につき，取消訴訟に関与しなかった者との関係では詐害行為は依然として有効であるという相対的取消しという考えを採用して（→判旨 (2)），債務者の被告適格を否定し（→判旨 (3)），この点について従来の判例を変更した[*9]。

「折衷説＋相対的取消構成」から導かれる帰結として，本判決は，債務者の財産が転得者に帰属している場合，取消債権者は，転得者を被告として財産の取戻しを求めるのでも，受益者を被告として価格賠償を求めるのでも，どちらを選択してもよいとした（→判旨 (4)）。また，転得者への現物返還や受益者への価格賠償を別途請求する前提として，詐害行為の取消しのみを求めることも可能であるとした（→判旨 (5)）。

3 ▸▸ 本判決後の判例法理の展開

本判決の後も，判例は「折衷説＋相対的取消構成」から様々な解釈準則を導いていった。たとえば，債務者には詐害行為取消しの効果が及ばないため，債務者には返還される金銭や動産の受領権限がない（判例 **14-A**：大判大正10・6・18民録27輯1168頁等）とか，詐害行為と認められた行為も債務者と受益者の間ではなお有効である（判例 **14-B**：最判昭和38・4・2集民65号393頁，判例 **14-C**：最判平成13・11・16判時1810号57頁）等である。

Ⅱ． 相対的取消構成への疑問と現行法の規定

本判決が判旨 (2) で示した相対的取消構成は広く学説にも受け入れられたが，問題点も種々指摘されていた。たとえば，債権者は取り戻された財産が債務者の所有であることを前提に執行手続をとることになるが，これは債務者に取消権行使の効力が及ばないという説明と矛盾する等である。

こうした問題をふまえ，債権法改正後の現行法では「詐害行為取消請求を認容する確定判決は，債務者及びその全ての債権者に対してもその効力を有する」（425条）とされ，本判決の判旨 (2) が述べる相対的取消構成は大幅に修正された[*10]。しかし，取消権行使の内容が取消しと返還の双方を含むものであること（折衷説）や，被告適格など，本判決の判旨 (2) 以外の判示事項については，現行の民法424条の5〜424条の7のなかに受け継がれている。

*7｜給付の訴え
建物明渡しや金銭の支払など，一定の給付を目的とする訴訟である。

*8｜
たとえば，債務免除を詐害行為として取り消す場合は，財産の取戻しは問題とならない。

*9｜
大判明治38・2・10民録11輯150頁は，受益者や転得者のほか，債務者も被告とすべきとしていた。

判例 14-A
金銭や動産の返還において，債務者にはその受領権限がなく，そのため，取消債権者への直接の引渡・支払請求が認められる。

判例 14-B
債務者が抵当権付きの不動産を譲渡し，これに伴い抵当権登記が抹消されたが，当該譲渡が詐害行為と認められた場合，債務者と受益者の間では譲渡は有効なままであるから，抵当権抹消も有効であり，よって債権者は抵当権設定登記の回復を求めることができない。

判例 14-C
債務者BがCになした商標権の譲渡につき詐害行為取消しが認められても，BC間では譲渡契約は有効であるから，AがBを代位してCに商標権使用許諾料相当額の支払を請求することはできない。

*10｜
現行法下においても，訴訟当事者（民訴115条1項1号）でもなく，債務者の債権者（425条）でもない受益者や転得者には，詐害行為取消請求を認容する確定判決の効力は及ばない。

事案をみてみよう

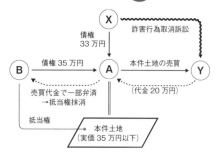

A は，B より 35 万円を借り受け，その担保として自己所有の唯一の財産である本件土地に抵当権を設定した。その後 A はこの B に対する債務を返済するため，本件土地を Y に 20 万円で売却して Y への所有権移転登記手続をし，そのうえで，この売買代金を含め 23 万円をもって B に負っている債務の一部弁済をし，B の承諾を得て上記抵当権の登記抹消を受けた。これに対し，A に 33 万円の債権を有する X は，A が X を害することを知りながら本件土地を Y に売却したとして，Y を相手として，AY 間の売買契約の取消しと，所有権移転登記の抹消登記手続を求め，詐害行為取消訴訟を提起した。

なお，本件土地にはほかにも抵当権が存在していたこともあって，Y への売却価格 20 万円は不当に安いわけではなかった。[1]

*1 | 抵当不動産の価格

抵当権が付いた不動産が売却される場合，後に被担保債務が不履行となり抵当権が実行されてしまうと，買主は不動産を失うことになる。そのため，抵当権付きの不動産の売却代金は，買主に被担保債務を肩代わりしてもらうことを前提に，その分を不動産価額から差し引いた額とされるのが通例である。

✓ 読み解きポイント

金銭は簡単に消費され減少するものだけに，たとえ適正価格での売却であろうと，債権者 A の不動産が金銭に変えられてしまうこと自体が，債権者 X にしてみれば，許しがたいものといえる。しかも，本件では，その売却代金が B に対する債務の弁済に充てられ，A が完全に無資力となったのだから，X ら B 以外の債権者は，弁済を受ける見込みが完全に失われてもいる。

しかし，債務者が被担保債権の弁済に充てる目的で抵当不動産を売却することは許されないことなのか。そもそも，抵当権の被担保債権額が本件土地の価額を上回っているため，責任財産の範囲に本件土地が含まれるかも疑わしい。こうした事情のもとでも詐害行為取消しは認められるのだろうか。

判決文を読んでみよう

「債務者が既存の抵当権付債務の弁済をするために，右被担保債権額以下の実価を有する抵当物件たる所有不動産を相当な価格で売却し，その代金を右債務の支払に充てて当該抵当権の消滅をはかる場合にあっては，その結果右債務者の無資力を招いたとしても，右不動産売却行為は，一般債権者の共同担保を減少することにはならないから，民法 424 条所定の詐害行為にあたらないと解するのを相当とする。」[2]

*2 |
「共同担保」の意味については，〔判例12〕の *6（p. 50）参照。

> ⇩ **この判決が示したこと** ⇩
>
> 抵当権の被担保債権を弁済するために抵当不動産を相当価格で売却することが詐害行為とならないことは，大審院判例でも認められていた。本判決は，被担保債権額が抵当不動産の評価額を上回っている場合には，そもそも「一般債権者の共同担保を減少することにはならない」という理由で，詐害行為性を否定したものである。

 解説

Ⅰ. 詐害行為とは

債務者が自己の財産を無償あるいは低価格で譲渡するなど，債務者の責任財産を減少させるのが詐害行為となるのは間違いないが，次のような場合には，責任財産の減少がなくとも詐害行為になりうるとされている。

1つは，特定の債権者だけを利するような行為（これを「偏頗行為」という）である。たとえば，債権者のうちの1人に対して債務者が自己の預金のなかから弁済をした場合，債務者のプラスの財産である預金は減少するものの，債務もその分減少することになるから，全体としてみると債務者の財産は減少していない。しかし，弁済を受けなかった他の債権者にとっては，自己の債権の引当てにできる債務者のプラスの財産が減少することになるから，詐害行為になりうる，というわけである。この種の詐害行為については，〔もう一歩先へ〕(p. 66) で詳しく取り上げることにしよう。

もう1つ，責任財産の総額が変わらなくても詐害行為となりうる場合というのが，本件で問題となった適正価格での不動産の売却である。

Ⅱ. 適正価格での不動産の売却の詐害性

1 ▶ 原則：詐害性の肯定

不動産のような重要な財産を適正価格で売却することについて，判例は古くからこれを原則として詐害行為になるとしてきた（判例 **15-A**：大判明治 39・2・5 民録 12 輯 136 頁等）。同じ価値であっても，不動産として存在するのとは異なり，金銭の形になっていると，債務者は費消したり隠匿することが容易にできてしまう。計算上，債務者の財産は減少していないが，将来減少する可能性を著しく高める，という意味で詐害行為だというわけである。

2 ▶ 例外としての詐害性の否定 ── 抵当不動産の売却

その一方で，判例は，例外として相当価格での不動産の売却が詐害行為とならない場合があることも認めてきた。そのうちの1つが，本判決で問題となった，抵当権が設定された不動産を適正価格で売却し，その代金を被担保債権の弁済に充てる，というものである。この場合の不動産の売却が詐害行為にならないという判断は，すでに大審院判決でも示されていた（判例 **15-B**：大判大正 8・4・16 民録 25 輯 689 頁等）。

本件の事案で注目すべきは，抵当権の被担保債権額が抵当不動産の評価額を上回っていることである。担保権が設定されたものについては，被担保債権の範囲において

*3 │ 偏頗行為

偏頗とは「偏っていて不公平」という意味。特定の債権者だけに得をさせ，それによって他の債権者を害する偏頗行為は，債権者平等の原則に反するものといえる。

判例 15-A

適正価格での不動産の譲渡は，債権者の担保（責任財産）を減少させるものではないが，金銭は消費しやすいものなので，ひとたび債務者がこれを消費すると債権者の担保が減少することになるから，詐害行為になるとした。

判例 15-B

債務者が抵当不動産を売却した事例につき，債務の弁済のために相当の代価で自己の財産を売却することは，債務者の財産を減少するものではないから，詐害行為とはならない，と判示した。

判例 15-C

詐害行為取消権は債務者の一般財産減少行為を取り消すためのものであるから, 抵当不動産による代物弁済の詐害行為取消しは, 不動産の価格から抵当債権額を控除した残額の部分に限って許される, としたものである。

その担保権者が優先的に満足を受けるのであって, 一般債権者が自らの債権の引当てにできる責任財産には含まれない（大判昭和 7・6・3 民集 11 巻 1163 頁等）。したがって, 抵当不動産が売却され代金が抵当権者への支払に充てられても, 責任財産が減少したとはいえず, 本判決はこのことを詐害行為取消しが否定される理由として述べている。この点については, 抵当不動産を抵当権者に代物弁済として譲渡した場合の判決でも示唆されていた（判例 15-C：最大判昭和 36・7・19 民集 15 巻 7 号 1875 頁〔百選 II-12〕）。

3 ▸▸ 例外としての詐害性の否定 —— 売却の目的との関係

では, かりに本件土地に抵当権が存在していなかったとしたら, 結論は変わったのか。判例は, 「有用の資」に充てるためならば, 抵当権が付いていない不動産の適正価格での売却も詐害行為にならないとしている。具体的には, 家族の生活費や子の教育費に充てるため（大判大正 6・6・7 民録 23 輯 932 頁）とか, 履行期が到来した債務の弁済に充てるため（大判大正 13・4・25 民集 3 巻 157 頁）等がこれにあたる。

以上のように, 売却価格が適正なものであり, かつ, 有用の資に充てる目的が認められれば, 不動産の売却も詐害行為とはならない, というのが, これまでの判例の理解であったといえる。

III. 現行法における適正価格での売却の詐害性

債権法改正では, 適正価格での売却についての詐害行為取消請求の規定が新設されたが（424 条の 2）, ここでは破産法上の否認権[4]との連続性が強く意識された。

1 ▸▸ 破産法における否認権の要件

*4｜否認権

破産手続の開始前に破産者がした破産債権者を害する行為について, その効力を失わせ, 逸出した財産を回復することができる権利。さしあたりは, 詐害行為取消権に相当する破産手続上の権利, と思ってもらえればよい。

不動産の相当価格での売却は, 詐害行為取消権と同様, 原則として破産法上の否認権行使の対象になると, かつての判例は判断していた。しかし, 適正価格による売却でも否認される可能性があるとなると, 相手が取引をためらうことになり, 債務者が財産を処分して資金を得て, 経済的再生を図ることも妨げられてしまう。判例は, 詐害行為取消権と同様, 「有用の資」を得る目的であれば否認権行使の対象外とする扱いも認めてはいたが, いずれにせよ, その要件は規定上明確ではなかった。

こうした問題をふまえ, 平成 16（2004）年, 不動産の相当価格での売却の扱いについて, 従来の判例における原則と例外とを逆転させる破産法改正がされた。つまり, 相当の対価を得てした財産の処分行為については, 破産者が隠匿など破産債権者を害する処分をする意思を有し, 相手方がそうした破産者の意思を知っており, かつ, 当該行為がそうした破産者による処分のおそれを現に生じさせるような性質である場合に限り, 例外的に否認ができるとした（破 161 条）。

2 ▸▸ 現行法の規定と従来の判例法理

民法 424 条の 2 では, 詐害行為取消権の要件が上に述べた破産法 161 条の内容とあわせられた。その結果, 相当価格での不動産の売却については, 従来の判例における原則と例外が逆転し, 同条に規定された要件が満たされた場合に限り, 例外的に詐害行為取消権の行使が認められることとなった。債権法改正によって, 相当価格での不動産の売却につき詐害行為取消しを否定した本判決の射程は格段に広がったといえるだろう。

16 詐害行為取消権行使の効果

最高裁昭和53年10月5日判決（民集32巻7号1332頁）　　　　▶百選II-13

👓 事案をみてみよう

　Aは，長らくB所有の本件物件を賃借して髪結業を営んでいたが，Bから本件物件の買取りを求められて対応に苦慮していた。たまたま美容院向きの物件を探していたXがそのことを知り，XA間で，購入資金をXが提供してBから本件物件の買取りをすることで話がまとまった。Xは，資金を提供する以上，自己所有名義にしたかったが，本件物件に終生居住したいと願うAの意を汲んで，最終的には，上記資金でAが本件物件を取得することを認めるが，A死亡時にはXが本件物件を取得するものとし（死因贈与）[*1]，それまでは本件物件の一室をXが賃借するという契約が成立した。同契約に基づき，XはAに25万円を交付して貸室部分の使用を始め，AはBに代金を支払って本件物件の所有権を取得し，Bから登記移転を受けた。

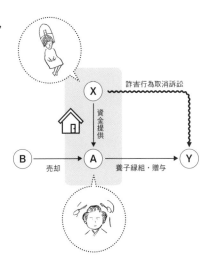

　Aは，貸室部分で美容院を開業したXが賃料増額に応じないこと等に不満をもち，かつ高齢になって前途に不安を覚えるようになったので，甥であるYを養子にして生活の面倒をみてもらい，その代わりYに本件物件を贈与することとした。Aは，養子縁組をした半年後にYに本件物件を贈与し，その旨の所有権移転登記もなされた。

　そこでXは，詐害行為取消権の行使として，Yへの贈与の取消しと所有権移転登記の抹消登記手続を請求した。その後，訴訟中にAが死亡したため，Xは，取消権行使の結果Aに本件物件が復することになるとして，Aの相続人[*2]であるYに対して，死因贈与を原因とする自己への所有権移転登記手続を求めることとなった。

☑ 読み解きポイント

　Xは，Aに本件土地の購入資金を全額提供し，しかもAの願いを聞いて本件物件を当面Aの所有にすることまで了承していた。それなのに，Aは死因贈与の約束を破ってXに損失を被らせたのだから，Xの詐害行為取消しの主張は認められてよさそうだが，問題はその効果である。AからYへの贈与とその移転登記の抹消まではよいとして，Xへの所有権移転登記の請求となると責任財産保全という制度趣旨を超えるため認められないとも思える。ただ，本件では，YはAの包括承継人だから，AがXに負っていた登記移転義務を履行すべき立場にあるともいえる。そうであるならば，詐害行為取消しの結果としてXへの移転登記請求も認められてよ

---

*1 │ 死因贈与

贈与者が死亡したときに効果が生じる贈与契約のこと（554条）。

*2 │

ある者が死亡して相続が開始すると，その者（被相続人）の相続人は，被相続人の権利・義務を一括して承継（包括承継）する（896条）。そのため，本件では，相続人Yは，被相続人AのXに対する登記移転義務を履行すべき立場に置かれる。

いとも考えられるが，どうか。

 判決文を読んでみよう

「特定物債権……は，窮極において損害賠償債権に変じうるのであるから，債務者の一般財産により担保されなければならないことは，金銭債権と同様であり，その目的物を債務者が処分することにより無資力となった場合には，該特定物債権者は右処分行為を詐害行為として取り消すことができるものと解すべき」である（最大判昭和 36・7・19 民集 15 巻 7 号 1875 頁）。「しかし，民法 424 条の債権者取消権[*3]は，窮極的には債務者の一般財産による価値的満足を受けるため，総債権者の共同担保の保全を目的とするものであるから，このような制度の趣旨に照らし，特定物債権者は目的物自体を自己の債権の弁済に充てることはできないものというべく，……特定物の引渡請求権に基づいて直接自己に所有権移転登記を求めることは許されない[*4]」。

☝ 解説

Ⅰ．特定物債権を被保全債権とする場合の詐害行為取消権

本件において X が A に対して有しているのは，本件物件の所有権や登記を移転せよという内容の特定物債権である。こうした特定物債権を被保全債権とする詐害行為取消権の成立は認められるのだろうか。

詐害行為取消権は，債務者に復帰した財産から各債権者が平等に弁済を受けることを目的とする制度である。特定物債権の債権者は，金銭債権者のように平等に弁済を受ける立場にはないから，これを被保全債権とする取消権は認められないとも解しうる。不動産の二重譲渡において，第 1 買主が，売主に対する目的物引渡請求権を被保全債権として，登記移転を受けた第 2 買主への売買を取り消せるとすると，177 条の趣旨を没却することにもなりかねない。かつての判例は，こうした二重譲渡事例につき詐害行為取消権を否定していた（大判大正 7・10・26 民録 24 輯 2036 頁）。

しかし，本判決も引用する最大判昭和 36・7・19（判例 16-A。[判例 15-C] と同判決）において判例は変更され，この場合の取消権の成立も認められるに至った。特定物債権も損害賠償債権に変じうるものであるから，というのがその理由である。二重譲渡の事例についても，売主の無資力など要件が加重されているから，177 条の趣旨と大きく抵触するものではない，といちおう説明することができる。

*3｜
詐害行為取消権の別の呼称。

*4｜
Xは，自己への移転登記請求が認められなかったときのため，損害賠償請求もしていたが，判決は，この請求については認容している。

判例 16-A
Aの債権者Bが，代物弁済としてA所有の建物を譲り受ける旨がAB間で合意されていたのに，Aがこれを別の債権者Cに譲渡した，という事案である。Cがこの建物に抵当権を有していたため，Aの取消権行使が認められる範囲についても問題となった（後述Ⅱ．3）。

Ⅱ. 詐害行為取消権行使の効果 ── 逸出財産の返還について

では，特定物債権を被保全債権とする詐害行為取消しの効果はどうなるか。これが本判決ではじめて示された点である。まずは，取消しにより認められる逸出財産の返還の方法について一般的な説明をしておこう。

1 ▸▸ 不動産の返還

責任財産の保全という制度趣旨からすると，詐害行為によって逸出した財産の返還は，債務者に対してなされるのが原則といえる。逸出財産が不動産である場合は，この原則に従い，詐害行為によりなされた所有権移転等の登記が抹消されることになる。

2 ▸▸ 金銭・動産の返還

返還請求が金銭の支払または動産の引渡しを内容とするときは，取消債権者は，自己に対してするよう求めることができる（424条の9）。不動産の登記抹消は債務者の意向とは無関係になしうるが，金銭や動産については，債務者が受領を拒絶したり浪費をする可能性があるためである。

さらに，被保全債権として金銭債権をもつ取消債権者は，債権者代位権の場合と同様（［判例12］の〔解説〕Ⅱ〔p.51〕参照），受領した金銭を債務者に返還する債務との相殺により，被保全債権について事実上の優先弁済を受けることができる。ここでは，総債権者のために責任財産を保全するという本来の制度趣旨を超えた効果が得られることになる。

3 ▸▸ 例外としての価額償還

現物返還が困難な場合には，その価額の償還を請求できる（424条の6）。たとえば，転得者が善意のため逸出財産の取戻しができないとか，登記抹消をすると被保全債権を超える効果がもたらされてしまう（→判例16-A）といった場合である。

Ⅲ. 特定物債権による詐害行為取消権行使の効果

では，あらためて特定物債権を被保全債権とする取消権行使の効果を考えてみよう。

1 ▸▸ 二重譲渡の場合について考える

前述のように，二重譲渡事例において第1買主の詐害行為取消権の成立を許容するとしても，その効果として自身への登記移転まで認めるとするのは，さすがに177条に大きく抵触する。本判決のいうように「総債権者の共同担保の保全」という趣旨から外れることにもなる。第1買主の自己への登記移転請求は，177条の問題として，第2買主が背信的悪意者の場合にのみ認められることとなろう。

では，第2売買が取り消され，登記名義が売主に戻った後，あらためて売主（債務者）に登記移転請求をすることはできるのか。177条の趣旨に照らし，やはり認められないとするのが多数説であるが，その論拠については種々議論がある。

2 ▸▸ 本件の事案ではどうか

死因贈与による物権変動にも177条が適用されるため，上述の二重譲渡の場合と同様，登記のないXは，詐害行為取消しが認められたとしても本件物件の取得までは断念せざるをえない。ただ，YはAの包括承継人として死因贈与に基づく登記移転義務を負っているから，Xはその不履行の責任は追及できると解される（＊4参照）。

*5｜
このことは同条が新設される前から認められていた（金銭支払につき前出［判例14-A］（p.59），動産返還につき最判昭和39・1・23民 集18巻1号76頁）。

*6｜
詐害行為によって譲渡された不動産が転売された場合，転得者が詐害行為につき悪意であれば，転得者を相手に現物返還を求めることもできるが（424条の5），転得者が善意の場合は，受益者に対する価額賠償を求めるしかなくなる。

判例16-A
詐害行為で譲渡された不動産に抵当権が付いていたので，一般債権者が取消権を行使できるのは目的物の価格から抵当権の被担保債権を除外した部分のみであるとして，その分の価格賠償のみが認められるとした。

*7｜
「共同担保」の意味については，［判例12］の＊6（p.50）参照。

*8｜
たとえば，①特定物債権がいったん損害賠償債権に変わった以上は特定物債権に戻ることはない，とか，②詐害行為取消しで回復した財産は，総債権者のために供されるべきとの拘束を受けている，といった見方が主張されている。

詐害行為取消権の対象となる偏頗行為とは

詐害行為には, ①責任財産を減少させる行為のほか, ②相当価格での不動産の売却のように責任財産が減少する可能性を高める行為 (→[判例 **15**]), そして, ③特定の債権者のみを利する行為 (偏頗行為) がある。以下では, ③の類型に含まれる判例をみていこう。

1. これまでの判例の状況

(1) 弁 済 弁済がされると債務者の責任財産はその分減少するとはいえ, 弁済は債務者が本来すべき行為である。判例は, 「弁済は, 原則として詐害行為とならず, 唯, 債務者が一債権者と通謀し, 他の債権者を害する意思をもって弁済したような場合にのみ詐害行為となる」とし, 主観的要件を加重しつつ, 例外的に詐害性を認める判断を示してきた (最判昭和 33・9・26 民集 12 巻 13 号 3022 頁等。同旨の大審院判例として大判大正 5・11・22 民録 22 輯 2281 頁, 大判大正 6・6・7 民録 23 輯 932 頁)。

(2) 代物弁済 代物弁済は, 弁済としての効力をもつものの, 債務者が本来すべき義務ではない。判例は, 代物弁済は債務者に詐害の意思があれば詐害行為になるとした (大判大正 8・7・11 民録 25 輯 1305 頁)。この「詐害の意思」につき, 最判昭和 48・11・30 民集 27 巻 10 号 1491 頁は, 「他の債権者を害することを知りながら特定の債権者と通謀し, 右債権者だけに優先的に債権の満足を得させる意図」と述べていた。弁済におけるのと同様の表現がとられているが, 義務的行為でない分, 実際に詐害意思が認定される可能性は, 弁済の場合よりも高くなるものと解される。

(3) 担保の供与・弁済期前の弁済 既存の債務につき担保を供与することは, 債務者の義務ではなく, 責任財産が減少することからも, 判例は原則として詐害行為になるとしていた (最判昭和 32・11・1 民集 11 巻 12 号 1832 頁)。ただし, 担保提供が債務者の営業継続のために不可欠であった場合には, 詐害性が否定されている (最判昭和 44・12・19 民集 23 巻 12 号 2518 頁)。

他方, 担保を供与して新たに借入れをすることは原則として詐害行為にならない, とされていた (最判昭和 42・11・9 民集 21 巻 9 号 2323 頁)。

ここでは, 適正価格での不動産の売却 (→[判例 **15**]) と同様, 当該行為の目的や動機が総合的に考慮されたうえで詐害性の有無が決められていたといえる。

2. 債権法改正後民法における規定

以上が, 債権法改正前の民法のもとで展開されてきた判例の状況である。これに対して, 偏頗行為の詐害行為取消しにつき新設された 424 条の 3 は, [判例 **15**] の [解説] で取り上げた 424 条の 2 と同様, 否認権との連続性を企図した内容となった。

(1) 債務消滅行為 特定の債権者に対する弁済その他債務消滅に関する行為は, 原則として詐害行為にならないが, 一定の要件を満たした場合に例外として詐害行為になるとの立場がとられた (本条 1 項)。その第 1 の要件「その行為が, 債務者が支払不能……の時に行われたものであること」(同項 1 号) は, 否認権の要件 (破 162 条 1 項 1 号) と同一のもので, 債権法改正で新たに付加された。第 2 の要件「債務者と受益者とが通謀して他の債権者を害する意図」(本条 1 項 2 号) は, 上述の判例法理をふまえたものであり, この要件がある分, 否認権よりも成立範囲が限定されている。

(2) 非義務行為 本条 2 項は, 期日前弁済, あるいは既存債務のための担保供与といった義務でない行為についてのものである。同項 1 号にある第 1 の要件「その行為が, 債務者が支払不能になる前 30 日以内に行われたものであること」は, 否認権の要件 (破 162 条 1 項 2 号) にならったもので, 本条 1 項の場合よりも範囲が広げられている。同項 2 号に規定された第 2 の要件は, 1 項のものと同じである。

なお, 新たな借入れのための担保設定については, 「相当の対価を得てした財産の処分行為」の一態様として, 424 条の 2 が適用される。

(3) 代物弁済等 債務者が, 代物弁済をしたり, 自己所有の財産を売却してその代金を債務の弁済に充てるなど, 債務を消滅させる行為をした場合において, 受益者の受けた給付の価額が当該行為によって消滅した債務の額より過大であるものについては, その過大な部分について取消しの請求ができるものとされた (424 条の 4)。債務を減少させる行為すべてではなく, 過大な部分についてだけの一部取消しにとどめる扱いにしたところが, 同条のポイントである。

Chapter IV

\ 本章で学ぶこと /

1. 連帯債務
2. 保証債務

多数当事者の債権および債務

Contents

　ここまでは，１つの債権につき，１人の債権者と１人の債務者がいる場合を念頭に置いて話をすすめてきた。しかし，ときには，ある債権についての債権者や債務者が複数人になることもある。本章では，債権の当事者が複数になっている場合に生じる法律関係を学ぶ。

　債権者や債務者が多数となる状況は，様々な原因によって生じる。たとえば，ABCの３名がXから自動車を共同購入する場合，Xの有する代金債権の債務者はAら３名となり，また，Xに自動車の引渡しを求める債権については債権者がAら３名となる。また，貸金債権の債権者または債務者が死亡して共同相続が開始したときにも，債権者や債務者が複数の状態になる。このように，債権の当事者が複数となる場合について，民法は，債権の性質や当事者の取決めのしかたによって，いくつかの類型に区別し（可分債権・債務，不可分債権・債務，連帯債権・債務），規定を設けている（**IV-1**）。

　ところで，AがBに融資をするのにCが保証人となったとき，Aは，BのほかCに対しても債務の弁済を求められるようになる。ここでは，Aのもつ貸金債権をめぐって，お金を借りた当の本人であるBと，保証人Cの２名の債務者が登場することとなり，その意味で，保証は債務者が複数となる一例といえる（**IV-2**）。

Introduction

連帯債務

　ボールペンくん，シャーペンくんと一緒に3人でキャッチボールをして遊んでたんだけど，ボールペンくんがふざけて後ろ向きで投げたボールが隣の家の窓ガラスを割っちゃってさ。そしたら，その家の人が怒って「連帯責任だ」って言って，悪いことしてない僕とシャーペンくんまで庭の草むしりをさせられたんだ。一体ゼンタイ，「連帯」って何なんだよ～！

1. 多数債務者関係の各類型の相違点

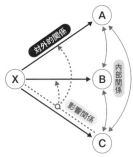

上の図は，債権者Xに対し，ABC3名の債務者がいる場合を表したもの。

　債務者が複数となっている債権関係（保証債務を除く）について，民法は，①分割債務，②不可分債務，③連帯債務という3つの類型を設けている。各類型の違いが現れるポイントは次のとおりである。

　第1に，債権者は各債務者にどのような請求をでき，また各債務者は債権者にどのような履行義務を負うか（対外的関係），である。

　第2に，多数債務者のうちの1人について生じた事由が他の債務者にも影響するか（影響関係），である。他の債務者に影響するものは「絶対的効力事由」，影響しないものは「相対的効力事由」とよばれる。

　第3に，弁済をした債務者は他の債務者に求償をできるか，という債務者どうしの関係（内部関係）である。

2. 各類型の相違

　債務者が複数の場合の各類型は，それぞれ次のような内容となっている。

　①　分割債務[*1]　　債務の給付内容が分割可能なものについては，原則として各債務者に頭割りで分割帰属する（427条）。各債務者の債務は相互に影響することはない。

　②　不可分債務[*2]　　債務の給付内容が不可分の場合，債権者はどの債務者に対しても履行の請求ができ，債務者の1人が履行をすれば，その限度ですべての債務者の債務が消滅する（428条，432条）。混同が相対的効力事由とされている以外，影響関係と内部関係については，後述する連帯債務の場合と同様となっている（430条）。

　③　連帯債務　　債権の給付内容は分割可能だが，法令の規定や当事者の意思表示により，債権者が全債務者に対して全部の給付の履行請求ができ，また各債務者とも全部の給付につき履行義務を負うとされたものである（436条）。分割可能でありなが

*1｜
具体例としては，数人が共同購入をしたときの代金債務（大判大正4・9・21民録21輯1486頁）や，金銭債務が共同相続された場合の各相続人の債務（大決昭和5・12・4民集9巻1118頁）などが挙げられる。

*2｜
具体例としては，共有物が売却されたときに，売主（共有者）が買主に対して負う目的物の引渡債務などが挙げられる。

ら分割せず連帯とする，というのは一体どういうことなのか。以下でみていこう。

3. 連帯債務の意義

たとえば，ABC が連帯して X から 600 万円を借り受け，連帯債務者となったとしよう。この場合，各人とも X に対して 600 万円の支払義務を負う。ただし，連帯債務者の誰かが履行をすれば，その分だけ全員の債務は消滅する。

各人が別個に 200 万円ずつ X から借入れをした場合は，A が支払不能になると X は 200 万円分の回収ができなくなるが，連帯債務にしていれば，資力のある別の連帯債務者に請求することで 600 万円全額の回収が可能となる。また，連帯債務者全員につき破産手続開始決定がされた場合でも，債権者は，全額につき各破産財団の配当に加入できる（破 104 条）[*3]。このように，連帯債務にしておくと債権回収の確実性が高まるのであり，連帯債務者は，自己の内部的な負担部分（上の例でいえば各自 200 万円）を超える部分について，相互に保証をし合っている関係にあるといえる。

4. 連帯債務の影響関係・内部関係

連帯債務の場合，弁済のように債権者に満足を与える事由や，更改，相殺，混同が絶対的効力事由とされている（438 条〜440 条）。上の例で，A が X に対して 400 万円の反対債権をもっていて相殺を援用したならば，B や C の X に対する債務は 200 万円に縮減する（439 条 1 項）。

連帯債務者の 1 人が弁済をすると，他の連帯債務者に対し，各自の負担部分に応じた求償をすることができる（442 条）。上の例で，A が X に 600 万円を支払ったときは，BC それぞれに 200 万円ずつ求償できるし，全額ではなく 180 万円を支払っただけの段階でも，60 万円ずつの求償ができる。

5. 不真正連帯債務という概念

共同事業のための資金の借入れなど，意思により連帯債務を発生させた者どうしは，主観的に緊密な結びつきをもっている。そうした者どうしなら，相互に影響が及ぶ場合も広く認められてよく，実際，債権法改正前の連帯債務では多くの絶対的効力事由が定められていた。免除もその 1 つである（改正前 437 条）。

ただ，一口に連帯債務といっても，そのなかには様々なものがある。たとえば，A と B それぞれの運転する自動車が衝突して歩行者 X が負傷した場合，AB は X に対して連帯して損害を賠償する責任を負うが（共同不法行為，719 条 1 項前段），この AB の間には主観的な共同関係がないことからすれば，相互の結びつきが強いからこそ認められる絶対的効力事由は，この場合には妥当しない。そこで，かつての判例や通説は，こうしたものを「不真正連帯債務」という概念でくくって連帯債務と区別し，弁済のように債権を満足させる事由以外は相対的効力しかない，という扱いをしていた[*4]。

現行法は，連帯債務の絶対的効力事由を極限まで限定した。これは，かつての不真正連帯債務を連帯債務の基本形にしたといってもよい。〔判例 17〕は，共同不法行為から連帯債務が生じた場合についてのものであるが，債権法改正後におけるこの判例の意義も含め，以下で考えてみよう。

[*3]
600万円の連帯債務を負うABC全員につき破産手続開始決定がされ，いずれの破産財団の配当率も3割だった場合，債権者は540万円（600万円×0.3×3）の回収が可能となる。他方，ABC各人へ200万円を貸し付けていた場合では，180万円（200万円×0.3×3）を回収できるにとどまる。破産手続のしくみについては，破産法の教科書で確認してほしい。

[*4]
不真正連帯債務が発生する例として挙げられていたものには，本文に挙げた共同不法行為の場合のほか，被用者の不法行為に基づく使用者の損害賠償債務（715条）と被用者の損害賠償債務（709条）などがある。

事案をみてみよう

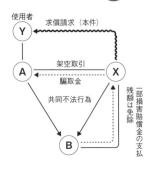

Y社の従業員Aは，Xと通謀して架空の売買契約を結び，これによって，Xと取引関係にあったBから，Xを経由して約3300万円をだまし取った。この詐欺事件により，XとAは，Bに対して共同不法行為責任（719条）を負い，またYは，Aの不法行為につき使用者責任（715条）を負うこととなった。XとA（Y）が負う責任の割合は4対6と認定された。

詐欺の発覚後，BはXに対して損害賠償金約3300万円と遅延損害金の支払を求める訴えを提起したが，これについては，XがBに2000万円を支払い，それ以上の請求は免除する旨の訴訟上の和解が[*1]XB間で成立し，これに基づくXからBへの支払もされた。その後，Xは，Aの負担部分につき，Aの使用者であるYに対して求償金の支払を求め，本件訴えを提起した。

原審は，Xは，前記の責任割合により定められる自己の負担部分を超えた部分につきYに求償権を行使できるとし，Xの負担すべき額はBの被った損害額（損害賠償金と遅延損害金の合計）の4割分（約1814万円）であって，Xの支払った2000万円のうち，この額を超える約186万円に限り，XはYに求償できるとした（左図参照）。

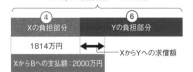

① 免除の効力がYに及ばないとした場合
（BはYに対して未払の債務の残額を別途請求するという前提）

> ✓ **読み解きポイント**
>
> 　原審がBの損害額を基礎としてXの負担すべき額を算定しているのは，BによるXに対する免除の効力が他の連帯債務者Yに及ばないことを前提としたものである。しかし，果たして連帯債務者の1人に対してされた免除が他の連帯債務者に影響することはないのだろうか。また，場合によって結論が分かれうるのだとしたら，それはどのような要素によって判断されるべきものといえるのだろうか。

📖 判決文を読んでみよう[*2]

甲と乙の共同不法行為において「甲と乙が負担する損害賠償債務は，いわゆる不真正連帯債務であるから，甲と被害者との間で訴訟上の和解が成立し，請求額の一部につき和解金が支払われるとともに，和解調書中に『被害者はその余の請求を放棄す

*3｜改正前437条
「連帯債務者の一人に対してした債務の免除は、その連帯債務者の負担部分についてのみ、他の連帯債務者の利益のためにも、その効力を生ずる。」

る』旨の条項が設けられ、被害者が甲に対し残債務を免除したと解し得るときでも、連帯債務における免除の絶対的効力を定めた民法437条〔債権法改正により削除〕[*3]の規定は適用されず、乙に対して当然に免除の効力が及ぶものではない」。「しかし、被害者が、右訴訟上の和解に際し、乙の残債務をも免除する意思を有していると認められるときは、乙に対しても残債務の免除の効力が及ぶものというべきである」。「この場合には、乙はもはや被害者から残債務を訴求される可能性はないのであるから、甲の乙に対する求償金額は、確定した損害額である右訴訟上の和解における甲の支払額を基準とし、双方の責任割合に従いその負担部分を定めて、これを算定するのが相当である」。

本件では、Xとの和解に際しBがYの残債務をも免除する意思を有していたなら、Xの負担部分は支払額2000万円の4割である800万円となり、XはYに1200万円を求償できることになる（右図参照）。

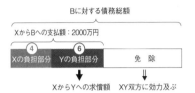

● 免除の効力がYに及ぶとした場合
（BはXのほかYにも請求をしないという前提）

 この判決が示したこと

本判決は、連帯債務者の1人に対してした免除の効力が他の連帯債務者にも及ぶことを定めた改正前437条が、共同不法行為によって生じる不真正連帯債務には適用されないことを確認しつつ、しかし、免除者の意思次第では免除の効力が他の不真正連帯債務者にも及びうることを明らかにした。

解説

Ⅰ．債権法改正前の「不真正連帯債務」とは

本判決は、不真正連帯債務（**Introduction**の5〔p. 69〕参照）に関する以下のような様々な判例を前提としている。

1 ▸▸ 連帯債務の規定の適用の排除

まず、719条の共同不法行為者の損害賠償債務は、条文上は「連帯」とされているものの、不真正連帯債務と理解すべきものであり、連帯債務に関する規定がそのまま適用されるわけではない（判例**17-A**：最判昭和57・3・4判時1042号87頁など）。改正前437条は本事案に適用されない、との判示は、これをふまえたものである。

2 ▸▸ 不真正連帯債務者間の求償

不真正連帯債務者の間で求償ができるのは、自己の負担部分を超えて弁済がされた場合についてのみであり（判例**17-B**：最判昭和63・7・1民集42巻6号451頁）、（〔判決文を読んでみよう〕では省略したが）本判決でもそのことが確認されている。**Introduction**の4で述べたように、連帯債務の場合は自己の負担部分を超えない弁済でも求償ができるところ、不真正連帯債務では要件が厳しくなっていたのである。

3 ▸▸ 不真正連帯債務における免除の効力

不真正連帯債務には改正前437条が適用されないとしつつも、共同不法行為者の1人から一定額の弁済を受けて残額を免除した者の意思として、弁済を受けたその額で満足し他の共同不法行為者への請求を想定しておらず、免除の効力が他の共同不法行

判例 **17-A**
共同不法行為者が負担する損害賠償債務は、不真正連帯債務であって連帯債務ではないから、連帯債務における絶対的効力事由を定めた改正前434条は適用されず、かつ、このことは共同不法行為が共謀によるものであっても変わらないとした。

判例 **17-B**
被用者が第三者と共同不法行為をした場合に、この第三者が自己の負担部分を超えて被害者に損害を賠償したときは、この第三者は被用者の負担部分につき使用者に求償することができるとした。

判例 17-C

踏切での交通事故で共同被告とされた踏切設置者であるY₁とY₂のうち、Y₁と原告Xとの間では、Y₁が賠償金の一部を支払うことと、残額については免除をすることを内容とする訴訟上の和解が成立し、その後はXとY₂との間で訴訟が継続していたという事案において、XとY₁との間での訴訟上の和解による債務の免除は、Y₂の賠償義務を消滅させるものではないと判示した。

判例 17-D

Xが自身の夫Aと不貞行為に及んだYに対して損害賠償請求をなした事案において、AX間の調停でなされたAのXに対する損害賠償債務の免除の効力がYにも及ぶかにつき、調停の条項からはXがYに対しても免除の効力を及ぼす意思であったことは何らうかがわれないのみならず、Xは調停成立後4か月を経過しない間に本件訴訟を提起した等の事実関係から、これを否定した。

為者にも及ぶと解する余地のあることは、それまでの判例でも示唆されていた（**判例 17-C**：最判昭和48・2・16民集27巻1号99頁，**判例 17-D**：最判平成6・11・24判時1514号82頁）。本判決は、そのことを当該事案の結論として明示した初の最高裁判決である。

II. 債権法改正後における本判決の意義

1 ▸▸ 連帯債務者の1人に対する免除の効力

　債権法改正によって改正前437条は削除され、連帯債務者の1人にした免除の効力は原則として相対的効力となった。これは、改正前437条が適用されないという従前の不真正連帯債務と同等の扱いになったともいえる。

　もっとも、相対的効力の原則を定めた441条のただし書では、免除が相対的効力とならない余地のあることが示されている。不真正連帯債務の事例につき、改正前437条の適用を否定しつつ、意思解釈により債務者全員に免除の効力が及ぶ趣旨のものとした本判決は、債権法改正後は、広く連帯債務一般における判断準則を示すものとして、より大きな意味をもつものとなったといえるだろう。

2 ▸▸ 共同不法行為者相互の求償

　不真正連帯債務者間の求償は自己の負担部分を超えて弁済がされたときにのみ認められるという扱い（→〔解説〕I.2）は、債権法改正後も維持されるのか。学説は分かれるが、改正を機に従前の扱いは変更され、この場合にも442条が適用されるとする見解が有力化している（→〔もう一歩先へ〕〔p.73〕）。同見解によれば、本件の事案においては、免除の効力が他の連帯債務者に及ばないという原審のような判断をした場合であっても、最高裁と同様の結論が導かれることになる。

III. 免除の効力はどのように決せられるべきか

　免除が絶対効と相対効のいずれのものなのかは、実際どのように判断されるのか。

　本件において、原審は、Bによる免除の効力はYに及ばないものとして、Xの負担すべき額を算出したが、これはBがこの後Yにも賠償請求することを前提としたものといえる。しかし、Bが、2000万円ですべて解決したものと考えていて、Yに追加の請求をしなかった場合には、和解に応じて迅速に賠償金の支払をしたXが大半の負担を強いられ、その分Yの負担が少なくて済む結果となってしまう。この点、最高裁は、BがYに残債務の履行を請求した形跡がなく（和解時に残債権の消滅時効期間が経過していた）、かえってXがYに求償金の支払を求める本件訴訟に協力する姿勢を示していたこと等を指摘し、Bが和解によってYとの関係も含め全面的に紛争の解決を図る意向を有していた可能性が高いとした。こうした事実を積み重ねていって、本事案における免除が絶対効をもつべきものと、本判決は判断したのである。

　免除の絶対効を否定した判例 **17-C** や判例 **17-D** の事案をみると、免除の意思表示をした相手ではない方に対してなお賠償を請求しようとする被害者の姿勢をみてとることができる。このように、結論を異にする判決のそれぞれの事案を見比べてみると、免除の意思表示の解釈として、免除の意思表示の相手方以外の連帯債務者にもその効力が及ぶとされるべきは具体的にどのような場合なのかが、よく理解できるだろう。

債権法改正後の不真正連帯債務判例のゆくえ

Introduction の **5**（p.69）でも述べたように，債権法改正前は，連帯債務につき絶対的効力事由を定めた条文が数多く存在していたが，改正によってそれが極限まで縮減された。そのため，絶対的効力を否定すべき場合を一般の連帯債務から区別するための不真正連帯債務という概念は，ほぼ意味を失ったとも思える。では，不真正連帯債務に関する判例は，先例としての意味を完全に失ったといってよいのか。少なくとも，改正時には不真正連帯債務に関する判例を変更することまで明確に意識されていたわけではない。以下で，不真正連帯債務の判例に対する債権法改正の影響について考えてみよう。

1．「混同」について

現行法においても，弁済その他債権を満足させる行為や更改（438条）と並んで，混同（440条）は変わらず絶対的効力とされている。これは，「求償の循環」を回避する趣旨によるものである（詳しくは，債権総論の教科書で確認してほしい）。では，従来の判例（最判昭和48・1・30判時695号64頁）が不真正連帯債務につき混同を相対的効力としていたことは，債権法改正を機に絶対的効力へ変更されることになるのだろうか。

昭和48年最判の事案は，大略，AがYから借りた車に子Xと一緒に乗っていたところ，自動車事故でAが死亡しXが負傷した，というものである。この場合，亡AとYはXに対して運行供用者責任（自賠3条）を連帯して負うことになるが，Xが亡Aを相続したことで生じた混同が絶対的効力だとすれば，XからYに対する運行供用者責任の賠償請求は認められないことになる。これは被害者保護の見地からは好ましいものとは言いがたい。最高裁がこの事案につき混同を絶対的効力としなかったのは，そうした実質面を考慮したためとも考えられる。

混同を絶対的効力事由とすることは，債権の担保力を弱め，債権者に不利益をもたらすという問題がかねてより指摘されていたが，そのことは，とりわけ共同不法行為事例で顕在化するともいえる。混同を絶対的効力とすることで実現される求償の循環の回避は，不真正連帯債務の事例において混同を絶対的効力とすることに伴う懸念があっても優先すべき要請といえるのか。混同に関する不真正連帯債務の従来の判例の立場を変えてよいのかは，慎重な検討が必要である。

2．「請求」について

判例は，請求を絶対的効力とする改正前434条は不真正連帯債務には適用されないとしていた（最判昭和48・2・16民集27巻1号99頁［判例**17-C**］，最判昭和57・3・4判時1042号87頁［判例**17-A**］）。しかし，共同不法行為の場合に被害者がする請求を相対的効力とすると，共同不法行為者の1人に請求をしても他の共同不法行為者に対する損害賠償請求権の時効完成を食い止められないことになり，被害者救済に反する結果となる。そのため，共同不法行為者の負う債務については，請求を絶対的効力と解すべきであるとの見解が有力であった。現行法では，連帯債務において請求は相対的効力となったため，条文を適用すれば従前の判決と同じ帰結になる。しかし，上に述べた学説の指摘からすれば，むしろ共同不法行為の場合には，条文の適用はないものとして，請求を絶対的効力とする解釈も大いに考えられる。

3．共同不法行為者間の求償について

［判例**17**］でも解説したとおり，連帯債務においては，負担部分を超えない弁済でも他の連帯債務者への求償はできるが（442条1項），従前の判例は，不真正連帯債務においては，自己の負担割合を超える弁済でなければ求償ができないとしていた。債権法改正によって，この判例が先例としての意味を失い，不真正連帯債務とされていた事例でも同条が適用されることになるのか。

適用を肯定し，被害者に僅かな弁済しかしていない共同不法行為者も他の共同不法行為者に求償をできるものとすると，求償された他の共同不法行為者が被害者に対してすべき損害賠償が後回しにされることが懸念される。そこで，被害者の損害塡補を優先する見地から，従前の判例はなお維持されるべきという見解がある。

しかし，負担部分を超えない弁済では求償ができないとなると，被害者から「僅かでいいから弁済をしてほしい」と懇請されても，共同不法行為者がこれに応じることに躊躇してしまい，かえって被害者救済が減じられることも想定される。また，実際には一部弁済の受領をもって和解をする例も少なくなく，従前の判例を維持すると，その場合の求償をどうするか，という問題も生じる。そうだとすれば，債権法改正を機に，妥当性に疑問がある従前の判例は意味を失ったと解すべきといえようか。

Introduction

2

保証債務

 ふだん偉そうにしてるシャーペンくんが「僕は資産家なので迷惑かけることは絶対ない。だから頼む！」って土下座して言うもんだから，僕，シャーペンくんが融資を受けるのに保証人になってあげたんだ。でも，「父親が友人に頼まれて保証人になったばかりに，一家離散……」なんてドラマをこの前やってたんだよね。僕，ほんとに大丈夫かなあ。

1. 保証債務とその成立

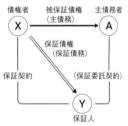

保証債務とは，主債務者が主債務を履行しない場合に履行をする責任が生じるものである（446条1項[*1]）。主債務者が支払不能に陥った場合に請求できる相手を増やしておくことにより責任財産を人的に拡大させ，債務の履行をより確実にする，というのが保証の基本的なしくみである。

保証債務は，債権者と保証人との間で結ばれる保証契約によって成立する。保証人に一方的に不利な契約であるだけに，安易かつ軽率にされることを防ぐべく，書面ですることが求められている（446条2項[*2]）。

保証契約は，保証人が主債務者の委託を受け（保証委託契約），それに応じて結ばれることが多い。主債務者にだまされて保証人になることも多く，そうした場合に保証契約の有効性をどのように解するのかが問題となる（→〔もう一歩先へ〕[p. 84]）。

2. 保証債務の付従性と範囲

保証債務は主債務を担保するためにあるから，主債務なくして保証債務は存在せず（付従性），主債務が消滅すれば保証債務も消滅する。もっとも，主債務を発生させた契約が取り消された場合に保証債務も常に消滅するとは限らない。保証されている債務は何かが，ここでは問題となる（→〔判例 **18**〕）。

3. 継続的保証・根保証とは

不特定の債務を包括的に保証する契約が結ばれることがあり，これを継続的保証または根保証という。根保証の場合，当初の想定をはるかにしのぐほどに主債務の額が膨らみ，保証人が高額の保証債務を負わされることも多く，こうした事態にどう対処するかは重要な課題の1つである（→〔判例 **19**〕）。また，根保証の主債務は，新たに発生したり，弁済により消滅したり，譲渡されたりと流動的であり，そのことに関連しても種々の問題が生じる（→〔判例 **20**〕）。

*1 │

保証人の負う保証債務は，債権者が保証人に対して有する債権という視点からは，「保証債権」というよび方になる。保証債務において主債務者の負う主債務は，保証債権が保証する債権として主語を逆にして表現すれば，「被保証債権」となる。

*2 │

とりわけ，事業に関わる貸金債務につき個人が保証人になるときは，前もって保証債務を履行する意思を公正証書で表示することが必要とされている（465条の6）。

<table>
<tr><td>**18**</td><td>## 保証債務の範囲</td></tr>
</table>

最高裁昭和40年6月30日大法廷判決（民集19巻4号1143頁）　　▶百選Ⅱ-18

事案をみてみよう

　Xは，昭和31年，Aより住宅内に存在する畳，建具，諸道具全部を15万円[*1]で買い受ける旨の契約を結び，Yは，Aの債務一切を保証した。XはAに対して契約当日に売買代金全額を支払ったが，Aは期日までに売買物件の引渡しをしなかったため，昭和35年，Xは売買契約を解除した。そこで，Xは，保証人Yに対し，原状回復義務として，売買代金のうちまだ返還されていない14万4800円の支払を求めて訴えを提起した。

　第1審，原審とも，契約解除により消滅した結果生じる原状回復義務は主債務に従たるものでないから，保証人は特約のない限りこれを履行する責任はなく，また，本件においてYが契約解除によるAの原状回復義務についてまで保証すると約した事実は認められないとして，XのYに対する請求をしりぞけた。

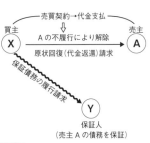

売買契約→代金支払

買主　　Ａの不履行により解除　　売主

Ｘ　　原状回復（代金返還）請求　　Ａ

保証債務の履行請求

Ｙ
保証人
（売主Ａの債務を保証）

*1｜
昭和30年頃の15万円は，現在の80万円程度に相当する。

☑ 読み解きポイント

　特定物売買において売主が買主に負う債務は目的物の引渡しであり，その保証をするというのは，「きちんと売主に目的物の引渡しをさせる」ということを直接的には意味する。しかし，たとえば，売主が目的物を引き渡さないまま代金を持ち逃げしたといった事態が生じたとき，売主の債務「一切」を保証する旨約した保証人は，特に約定がない限り，そのことの責任は負わなくてよい，としてよいものだろうか。447条1項[*2]には，保証債務は主債務に従たるすべてのものを包含するとあるが，契約が消失したことで生じた原状回復義務まで，契約上の債務と同じものだとか，従たるものだとして保証の対象に含めてよいのかが，ここでは問題となる。

*2｜
同項には，保証債務は主債務に関する利息，違約金，損害賠償その他その債務に従たるすべてのものを包含すると規定されている。

📖 判決文を読んでみよう

　「売買契約の解除のように遡及効を生ずる場合には，その契約の解除による原状回復義務は本来の債務が契約解除によって消滅した結果生ずる別個独立の債務であって，本来の債務に従たるものでもないから，右契約当事者のための保証人は，特約のないかぎり，これが履行の責に任ずべきではないとする判例……がある」[*3]。「しかしながら，特定物の売買における売主のための保証においては，通常，その契約から直接に生ずる売主の債務につき保証人が自ら履行の責に任ずるというよりも，むしろ，売主の債務不履行に基因して売主が買主に対し負担することあるべき債務につき責に任ずる趣

*3｜
ここで本判決は，先例として大判大正6・10・27（後掲**判例18-B**）を，参照判例として大判明治36・4・23（後掲**判例18-A**）を挙げている。原審の判断はこれらの先例に依拠したものである。

旨でなされるものと解するのが相当であるから，保証人は，債務不履行により売主が買主に対し負担する損害賠償義務についてはもちろん，特に反対の意思表示のないかぎり，売主の債務不履行により契約が解除された場合における原状回復義務についても保証の責に任ずるものと認めるのを相当とする。」

⇩ この判決が示したこと ⇩

本判決は，保証人が履行すべき保証債務の範囲については保証契約の解釈によって定まることを前提としたうえで，先例を変更し，主債務の発生原因であった契約が解除された場合に生じる原状回復義務についても保証の範囲に含まれるとするのが，保証契約の解釈における原則であるとしたものである。

 解説

Ⅰ．問題の所在——保証債務の内容・範囲

保証人が履行の責任を負うことになる保証債務は，保証契約によって成立するものであるから，その内容や範囲は契約当事者の合意によって定められる。もうひとつ，保証債務の内容を決めるための要素となるのが，主債務との付従性である。主債務が消滅すれば保証債務も消滅するし，主債務が同一性を保ちつつ態様や範囲を変化させたときは，保証債務もそれに応じて変化する。

では，主債務を発生させていた契約が解除された場合，保証債務はどうなるか。解除により売主の目的物引渡債務が消滅するから，これに伴って保証人の保証債務も消滅する，という見方と，売主が解除によって引渡債務の代わりに負うことになる原状回復義務も保証債務の範囲に含まれるから，なお保証債務は存続する，との見方とがありうる。当事者間で明確に合意されていなかったとき，どちらの結論がとられるべきかが問題となる。

Ⅱ．解除の性質論からのアプローチ——大審院判例

この問題について，大審院判例は，以下のように考えて，解除の性質から結論を導いていた。契約が解除されると，契約からの解放や原状回復，損害賠償請求といった効果がもたらされるが（545条），これは，解除によって契約が遡及的に消滅するために生じるものである（直接効果説）[*4]。この理解によれば，原状回復債務は遡及的に消滅した主債務とは別個独立の法律上の義務として生じるものだから，保証人は責任を負わない（判例18-A：大判明治36・4・23民録9輯484頁，判例18-B：大判大正6・10・27民録23輯1867頁）。

他方，遡及効がない解除については，これと異なる扱いがされていた。賃貸借の解除により生じる原状回復義務は本来の債務またはその拡張にすぎないものであるから，賃貸借が解除されたときに賃借人が負う賃借物返還債務について，賃借人の保証人は責任を負う，という（判例18-C：大判昭和13・1・31民集17巻27頁）。

もっとも，大審院判例においても，保証契約によって保証債務の内容が決まることは認められており（大判明治42・5・19民録15輯504頁等），特約があれば原状回復義

*4
契約解除の効果については，判例法理となっている直接効果説のほか，間接効果説，折衷説といった見解もある。詳しくは契約法の教科書で確認をしてほしい。

判例18-A
山林の売買における売主の保証人は契約解除による売主の代金返還債務についてまで保証したものということはできないとした判例である。ただし，事案は，契約解除が債務不履行によるものかが必ずしも明確ではない。

判例18-B
請負契約における請負人の保証人につき，上と同様の判断を示した判例である。

判例18-C
賃貸借の解除による明渡しまでの賃料相当額の損害金につき，賃借人の保証人の責任を認めたものである。

務も保証債務の範囲に含まれると解されていたことに留意してほしい。

Ⅲ. 契約解釈からのアプローチ —— 本判決の意義

　以上に示した大審院判例に対して，多くの学説は批判的であった。本件のような特定物売買において，目的物引渡義務についてだけの保証を売主の保証人に求めるというのは，「売主がちゃんと目的物を買主に引き渡すよう売主を促せ（＝尻をたたけ）」という役割のみを担わせることを意味する。しかし，買主にとってより深刻なのは，売主が目的物の引渡しをしないまま代金を持って行方知れずになったような場合であり，そのようなときこそ，保証人には売買を無にされたことの責任をとってもらいたい，と考えるのが普通なのではないか。本判決は，こうした指摘をふまえて従来の大審院判例を変更し，[5]債務不履行解除に際しての扱いが約定されていない場合には，解除に伴って生じる債務についても保証債務が存続するのが原則だとしたものである。[6]

　本判決が保証人の責任を認めた論拠は，保証契約の当事者の意思解釈である。原状回復義務が元の契約上の債務とは別個独立のものだという従来の大審院判例の見方が否定されたわけでも，契約解除により生じる原状回復義務が常に保証債務になることが一般的に認められたわけでもない。保証契約の解釈において判断されるべき，というのだから，原状回復義務も保証する趣旨が保証契約に含まれているかが個々の事案ごとに検討される必要がある。

Ⅳ. 本判決以後の判例動向

　解除の法的性質論にこだわらず，保証契約当事者の意思解釈によって保証債務の内容や範囲を決すべきという判断枠組みは，その後の判例でも受け継がれている。

1 ▸▸ 請負契約の合意解除と請負人の保証人の責任

　建築請負契約が合意解除された場合に，請負人の保証人が前払金返還債務について責任を負うかが争われた判例がある（判例 18-D：最判昭和 47・3・23 民集 26 巻 2 号 274頁）。同判決は，まず「保証人の関知しない合意解除の当事者の意思によって，保証人に過大な責任を負担させる結果になるおそれがあり，必ずしも保証人の意思にそうものではない」という一般論を述べつつ，「工事代金の前払を受ける請負人のための保証は，特段の事情の存しないかぎり，請負人の債務不履行に基づき請負契約が解除権の行使によって解除された結果請負人の負担することあるべき前払金返還債務についても……保証する趣旨でなされるものと解し」うるとして，当該事案における保証人の責任を認めた。合意解除の場合の保証人の責任は慎重に判断すべきこと，契約当事者の意思解釈で保証債務の内容が変わりうることが示されている。

2 ▸▸ 賃貸借契約の解除と借主の保証人の責任

　賃貸借契約が解除された場合に借主が負う目的物返還義務については，Ⅱで述べたように，大審院判例も借主の保証人が責任を負うことを認めていた。近時の判例（判例 18-E：最判平成 17・3・10 判時 1895 号 60 頁）は，賃借人の原状回復義務違反によって生じた損害賠償責任を保証人が負うという結論を，保証の趣旨というアプローチから導いている。

*5｜
本判決以前にも，下級審裁判例のなかには，大審院判例とは異なり，原状回復義務も保証債務の範囲に含まれるとしたものがみられた（福岡高判昭和34・12・15下民集10巻12号2608頁）。

*6｜
本事案では,売主の保証人に「売主の尻をたたく」だけの役割を引き受けさせたと解すべき事情は特にうかがえない。

判例 18-D
工事代金の前払を受けつつすすめられていた建築請負工事が，請負人の資金難により続行困難となったため，請負人と注文者の間で請負契約が合意解除され，それによって請負人に前払金返還債務が生じた，という事案である。

判例 18-E
賃借人が土地を無断転貸したところ，その転借人が同地に産業廃棄物を不法投棄したため，賃貸人が賃貸借契約を解除した事案について，賃借人は原状回復義務として産業廃棄物の撤去義務を負い，その不履行につき，賃借人の保証人は損害賠償義務を負うとした。

事案をみてみよう

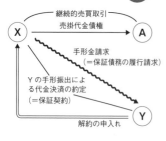

卸売業者 X は，製パン業者 A との間で小麦粉の売買取引を継続的にしていたが，営業不振により A の未払代金が約 20 万円に達したため，いったん取引を中止した。その後 A の叔父 Y から「今後の取引の代金は Y 振出の手形で決済する」「これまでの未払代金の返済分としてその都度手形に 2 万円ずつを加算する」との申し出があり，X がこれを了承したことで，XA 間の取引は再開された。[*1]

A は，小麦粉の代金を A が毎月 Y 方に持参して支払うことを Y に約束していたのに，これを再三にわたって怠り，Y の出金も相当の額になったため，Y は AX の取引再開から半年後，X に対して本件保証契約の解約を申し入れた。ところが，A は，Y の了解を再び得られたと偽って X に取引を再開してもらい，その後は Y の手形を偽造して X にそれを渡し，自ら支払っていたが，結局不渡りとなった。そこで，X は Y に対して手形金の支払を求めて訴えを提起した。

原審は，X に渡された手形は偽造であるとして X の手形金請求をしりぞけた。また，AX の取引再開に向けた Y の申し出は，Y が A の将来の取引の代金支払を保証する趣旨のものだったとして，X がその保証債務の履行を求めたことに対しても，原審は，Y のした保証契約を解約する旨の通告は有効であるとして，これを認めなかった。

☑ 読み解きポイント

　A に約束を破られ信頼関係が失われた以上，Y が保証するのをやめたいと考えるのも当然である。しかし，わずか半年で解約を認めるのは，Y の保証があるからこそ A との取引を再開した X の被る不利益が大き過ぎるのではないか。継続的根保証において保証人の解約が認められるのは，どのような場合だろうか。

📖 判決文を読んでみよう

　「期間の定めのない継続的保証契約は〔，〕保証人の主債務者に対する信頼関係が害されるに至った等保証人として解約申入れをするにつき相当の理由がある場合においては，右解約により相手方が信義則上看過しえない損害をこうむるとかの特段の事情ある場合を除き，一方的にこれを解約しうるものと解するのを相当とする」。本件においては「Y として本件解約の申入れをなすにつき相当の理由があったというべきで

あり，他面Ｘ側にも前示のような特段の事情はない」ため，Ｙのなした保証契約の解約申入れは有効と判断される。

「本件にあっては保証契約後相当期間経過後の解約申入れであることは原判文上明らかであり」，「債務者の資産状態が急激に悪化したような保証契約締結の際に予測しえなかった特別の事情があれば，相当の期間を経過しなくても解除できる」とした大審院判決の趣旨にも反するものではない。[*2]

⇩ **この判決が示したこと** ⇩

継続的保証における保証人は，特別の事由があれば保証契約後相当期間が経過していなくても解約できる。このことは従来の大審院判決でも認められていたが，本判決は，それを受け継ぐことを最高裁としてはじめて確認し，また，解約が認められる場合の判断基準を明示したものである。

 ## 解説

Ⅰ. 継続的保証（根保証）とその種類

継続的保証とは，継続的な取引において生じる債務を主債務とし，継続して保証することを内容とする保証である。銀行と企業の間の継続的融資取引や，卸売業者と小売店の間の継続的売買契約などから生じる貸金債権や代金債権について保証をする，といったものである。[*3] 継続的保証においては，現在および将来において生じる不特定の債務を保証することになるため，その意味で根保証ともよばれる。

継続的保証ないし根保証における主債務の定め方には，様々なものがある。保証限度額（極度額）や保証期間など，何らかのかたちで主債務の範囲を限定する基準が定められているものを限定根保証，そうした定めのないものを包括根保証という。

Ⅱ. 判例法における保証人の責任の制限

過重になりがちな根保証人の負担軽減はどのように図られてきたのか。

1 ▶▶ 保証人の解約権

判例は，包括根保証契約が締結された場合において，保証人に対し，保証契約を一方的に解約できる権限を認めてきた。解約が認められると，以後に発生する主債務の保証はしなくてよくなるが，それまでに発生した主債務についての保証債務は引き続き負うことになる（現行民法における元本確定[*4]と同様の意味をもつ）。

この解約権には，次の２種のものがある。①保証人は，保証契約の締結後相当の期間が経過すれば，保証契約を解約できる（任意解約権）。また，②相当の期間が経過していなくても，主債務者の資産状態の悪化など想定外の特別事情が生じた場合には，予告期間を置かずに解約ができる（特別解約権）（判例19-A：大判大正14・10・28民集4巻656頁，判例19-B：大判昭和7・12・17民集11巻2334頁，判例19-C：大判昭和9・2・27民集13巻215頁，判例19-D：大判昭和16・5・23民集20巻637頁）。

Chapter 一 Ⅳ 一 多数当事者の債権および債務

*2
Ｘは，大判昭和9・2・27（後掲**判例19-C**）について，「契約後相当の期間を経過したかそうでなくても債務者の資産状態が著しく悪化した場合に於いてのみ」保証人による解約が認められる趣旨のものであるとし，本件はいずれにも該当しないと主張した。本判決のこの部分は，このＸの主張がしりぞけられるべき理由を述べたものである。

*3
継続的保証には，本文に述べたような，債務者に対する継続的な与信取引の保証である「信用保証」のほか，雇用契約において被用者が使用者に損害を及ぼしたときのための「身元保証」や，賃貸借契約において賃借人が賃料不払や賃貸物件を損傷したときのための「不動産賃借人の保証」などがある。

*4
主債務の範囲を時間的に限定することを元本の確定という。元本確定後に発生する主債務については保証債務を負わなくてよくなる。

判例19-A
手形割引の保証がなされた事案において，相当の日時が経過後は保証人は解約権を行使しうるし，主債務の成立前に主債務者の財産状態に著しい欠陥が生じたときはただちに解約ができるとした。

判例19-B
手形割引の保証契約が結ばれたが，2年半が経った頃より主債務者が著しい放漫経営となった事案において，保証人は相当期間が経過後は解約できるとした。

2 ▸▸ 本判決の意義

　本判決は，特別解約権が認められる場合について，従来の判例が述べていた「主債務者の資産状態の著しい悪化」よりも広がりのある「主債務者に対する信頼関係の阻害」という表現で，その判断基準を示した。その一方，債権者側に及ぼす影響にも一定の考慮がされるべきことを述べている点も注目される。

　ところで，本判決の後段部分では，保証契約後相当期間が経過していると認定されている。わずか半年ほどでの解約だったことをふまえると，「この程度の期間経過では，何らの特別事由もなく解約できる任意解約までは認めがたく，せいぜい特別解約権を否定すべきほど契約後の経過期間は短くない」といった趣旨のものと理解すべきであろう。任意解約権が認められる「相当の期間」は事案によって異なるが（判例**19-B**は2年半でこれを認めた），その期間を具体的に認定するうえでは，信頼関係の阻害といった特別解約を認める事情の存否も考慮要素になりうる。その意味では，任意解約権と特別解約権は相互に連関するものといえる。[*5]

3 ▸▸ 解約権以外の法的対処

　保証人に解約権を認めることのほか，判例は，①当事者意思の解釈や信義則によって，保証債務の範囲を合理的な範囲に限定する（大判大正15・12・2民集5巻769頁等）とか，②包括根保証における保証人が死亡した場合につき，相続開始時にすでに発生していた主債務の保証債務は相続されるが，根保証契約上の地位は相続されない（最判昭和37・11・9民集16巻11号2270頁）といった判断も示している。

Ⅲ. 根保証規定の新設・拡充と判例法理
1 ▸▸ 平成16年民法改正における根保証立法

　平成16（2004）年の民法改正で新設された，個人が保証人となる貸金等根保証契約の条文では，従来の判例法理を一部包含し，あるいは拡充する規律もされた。[*6]

　①　極度額の定めが必須とされ，従来は許容されていた包括根保証が無効とされた（465条の2第2項）。

　②　期間の定めがない場合には契約締結後3年で元本が確定する（465条の3第2項）。これは，従来の判例法理でいう任意解約権の趣旨を受け継いだものといえる。

　③　主債務者の財産につき強制執行等がされ，主債務者につき破産手続開始決定がされたときは，元本が確定する（465条の4第2項1号・2号）。主債務者の資力悪化の際に認められる特別解約権の発生事由のうち，客観的に明確なものを定式化したものといえる。

　④　主債務者や保証人が死亡したとき元本が確定する（465条の4第1項3号）。これは，包括根保証人の地位の相続を否定していた判例法理を，限定根保証の場合にも拡大させたものといえる。

2 ▸▸ 債権法改正における根保証規定の拡充と本判決の意義

　債権法改正では，上記の①と④について個人根保証契約一般に適用対象が拡大されるなどした。[*7]ただ，特別解約権を認める一般的な規定は存在しておらず，したがって，本判決は現在も変わらず意義を有しているといえる。

▶ 百選Ⅱ-20

20 根保証における元本確定期日前の随伴性

最高裁平成24年12月14日判決（民集66巻12号3559頁）

事案をみてみよう

A社は，B社に対して約32億円を融資するのに際し，Bの親会社である Y社との間で連帯根保証契約を結んだ。その内容は，Aを貸主，B を借主とする金銭消費貸借契約取引等により生じるBの債務を主債務とし，極度額を約48億円，保証期間を5年間として，YがAに対して連帯保証をする，というものであった。[*1]

その後，AのBに対する貸金債権のうち，本件貸金債権（約8億円）が，AからC，CからXへと譲渡された。Bが本件貸金債権につき期限までに弁済できなかったため，Xは，Yに対し，根保証契約に基づく保証債務履行請求として，本件貸金債権の一部である1000万円の支払を求めて訴えを提起した。

これに対してYは，根保証契約においては，元本が確定する[*2]までは随伴性[*3]がなく，主たる債務が譲渡されても根保証は移転しないと解するべきであるから，本件貸金債権についてYは保証債務を負うものでない，と主張した。

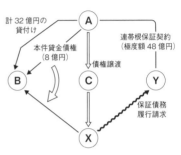

計32億円の貸付け

本件貸金債権（8億円）

連帯根保証契約（極度額48億円）

債権譲渡

保証債務履行請求

*1｜
不特定の債務を保証する根保証において，保証する債務の範囲は，①債務の発生原因，②金額の上限（極度額），③債務発生の期間，といった事項で定められる。

*2｜
以後に発生する債務の元本については保証債務を負わないものとして，不特定であった主たる債務を確定させることを，「元本の確定」という。詳しくは後に説明する。

*3｜ 随伴性
債権が移転すると，それを担保する担保物権や保証債権も，それに伴って移転するという，担保のもつ性質のこと。詳しくは〔解説〕で後述。

☑ **読み解きポイント**

　根保証は，一定範囲内の不特定の債権を担保するという点では，根抵当と共通している。根抵当については，元本確定前には，被担保債権が移転しても根抵当権は移転しないとされており（398条の7第1項），根保証もこれと同じに扱うとするなら，Yが主張するとおりとなる。しかし，譲渡された主債務については保証債務を負わなくてよいとすることは，本件根保証契約で前提とされていたのだろうか。とりわけ本件においては，保証人のYが主債務者Bの親会社でもあるし，Bの債務を極度額まで連帯保証する旨約したYが，債権譲渡があったからといってその分の負担を免れられるとするのは問題のように思えるが，どうか。

判決文を読んでみよう

「根保証契約を締結した当事者は，通常，主たる債務の範囲に含まれる個別の債務が発生すれば保証人がこれをその都度保証し，当該債務の弁済期が到来すれば，当該根保証契約に定める元本確定期日……前であっても，保証人に対してその保証債務の履行を求めることができるものとして契約を締結し，被保証債権が譲渡された場合には保証債権もこれに随伴して移転することを前提としているものと解するのが合理的

である。そうすると，被保証債権を譲り受けた者は，その譲渡が当該根保証契約に定める元本確定期日前にされた場合であっても，当該根保証契約の当事者間において被保証債権の譲受人の請求を妨げるような別段の合意がない限り，保証人に対し，保証債務の履行を求めることができるというべきである。」

⇩ **この判決が示したこと** ⇩

　本判決は，根保証については，元本確定前であっても，原則として随伴性が認められ，主債務が譲渡されれば保証債権も移転するものであるとし，その点において根保証と根抵当との間に相違があることを明らかにした。「別段の合意がない限り」との語を用いて，根保証で随伴性が認められるかは契約当事者の意思解釈によって決まるものであることを示した点も重要である。

☝ 解説

Ⅰ. 根担保とは

　根抵当（398条の2以下）や根保証（465条の2以下）といった「根」担保[*4]は，一定範囲内にある不特定の債権を担保するものである。たとえば，卸売業者と小売業者が継続的取引をしているなかでは，商品売買がされるごとに代金債権が発生し，弁済がされればその分の代金債権は消滅する。このように，流れに浮かぶ泡のように生まれては消え，消えては生まれる債権の面倒を丸ごとみようというのが，根担保である。

　ところで，担保される債権が特定されている普通の抵当や保証の場合には，債権譲渡がされたり，債務者以外の第三者が弁済するなどして[*5]，この債権が別の者に移転すると，それに伴って抵当権や保証債権も新たな債権者に当然に移転する（随伴性）。では，根担保の場合はどうか。

Ⅱ. 根抵当における随伴性と元本確定

　根抵当権の場合には，ある時点で被担保債権の範囲に含まれている個々の債権が，最終的に根抵当権によって担保されることになるとは限らない。そのため，途中で根抵当権者のもとから去っていった債権に根抵当権も随伴させるのは，根抵当権の本質と相容れないものといえる。もし，随伴性を認め，債権譲渡や第三者弁済がされるたびに根抵当権の一部が移転するとしたら，根抵当権者が増えたり減ったりして不確定となり，その相互の関係の調整もその都度必要となるなど，根抵当権をめぐる法律関係が複雑になり過ぎてしまう。そのため，元本確定前の根抵当権については，随伴性を否定し，個々の被担保債権の変動の影響が根抵当権に及ばないものとされた。

　もっとも，根抵当権も，実行をするにあたっては，担保する債権がどれなのかを具体的に確定する必要がある。新たな債権を被担保債権の元本に加えるのを止め，被担保債権の流動状態を終了させるのが元本の確定であり[*6]，これにより，根抵当権は特定の債権を担保する状態に転化し，随伴性も認められるようになる。

[*4]
以下では，「担保」という語を，物的担保（担保物権）と人的担保（保証）の両方を含むものとして用いている。

[*5]
債務者のために弁済をした者は，債権者に代位し（499条1項），債権者が有していた一切の権利を行使できるようになる（501条1項）。詳しくは，〔判例28〕の〔解説〕を参照のこと。

[*6]
根抵当権における元本確定が生じる場合としては，確定期日の到来（398条の6），元本確定請求（398条の19），根抵当権実行手続開始等にかかる確定事由（398条の20）といったものがある。

Ⅲ. 根保証における随伴性と元本確定

1 ▶▶ 元本確定前の履行請求と随伴性

根保証についても,「以後に発生する債権は保証の対象にしない」という意味をもつ元本確定が,一定の事由ないし期間経過によって生じるものとされている。[*7] 元本確定前でも根保証人に対して履行請求ができるかについては,見解が分かれている。

① 履行請求肯定説　　根保証の保証人は,保証期間中に発生する個々の主債務について継続的に保証責任を負うと解し,元本確定前でも主債務について履行期が到来すれば,随時保証人に履行請求ができるとみる考え方がある。この見解は,個々の主債務につき債権譲渡があれば保証債務も随伴するという結論と親和的である。

② 履行請求否定説　　他方,根保証人は,債権者と主債務者の間の継続的取引が正常に継続している間は履行する必要がなく,継続的取引関係や保証期間が終了した時点で残存する債権についてのみ保証人に履行請求ができる,とする考え方もある。これによれば,元本確定前に譲渡された債権は保証の対象外となる。下級審判決にはこの見解を採ったものがある(判例 20-A:千葉地判平成 21・3・19 金判 1337 号 46 頁)。

2 ▶▶ 根保証における元本確定の意味

根保証における元本確定につき,①説は,被保証債務の元本発生の終期を区切るという意味で理解するのに対し,②説は,根抵当権と同様,「担保の実現(=履行請求)や随伴性を認める前提」という意味も含ませるものである。平成 16 (2004) 年の民法改正で根保証の条文を新設するにあたり,根抵当権と共通の「元本確定」の語が用いられたことを契機に,②の見解はより多くの支持を集めるようになった。しかしその一方,保証人の財産への強制執行により元本が確定するとした 465 条の 4 は,元本確定前に保証人への履行請求ができるのを前提としている,とも指摘されていた。

Ⅳ. 本判決の意義と契約解釈のあり方

本判決は,元本確定前の根保証について,根抵当とは異なり,随伴性が認められることを示した。しかし,物権として内容が画一的に法定されるべき根抵当とは違って,根保証については,契約によってその内容を任意に決められるのであって,元本確定前の履行請求の可否や随伴性の有無についても,根保証契約の当事者の合理的意思解釈によって判断されるものである。本判決の理由には,このことが明確に示されている。したがって,元本確定前の根保証で随伴性を認めるか否かは,それぞれの事案ごとに契約解釈をして結論を導くべきであり,常に本判決と同じ結論になるとは限らないことに注意する必要がある。[*8]

本判決では,元本確定前の履行請求や随伴性が認められる場合が原則とされている。ただ,「責任を負うのは,主債務者の経営が悪化し取引が終了した時点で未払となっている分だけ」という前提で根保証人となっていることも稀とはいえない。また,元本確定前の随伴性を認めた場合,被保証債権が極度額を超えたときに譲渡人と譲受人が根保証人に対し各自どれだけの額を請求できるのかは自明とはいえず,そのような事態が生じうることまで契約当事者が想定していたのかも検証しなければならない。根保証契約の解釈は,こうした種々の観点から慎重にされるべきものなのである。

*7
465 条の 3 では個人貸金等根保証契約の元本確定期日が,465 条の 4 では個人根保証契約の元本確定事由が,それぞれ定められている。

判例 20-A
基本的な継続的取引関係から生じる多数の債務を担保する保証契約では,その基本的関係が終了した時点で存していた債権のみを担保するのであり,それ以前の随伴性は否定されるとした。

*8
本判決の事案については,本件根保証契約のなかに5年の保証期間に発生する債務と「これらのうち債権者(A)がCに譲渡した債権に係る債務」等を保証する旨が記載されていたといい(本判決の補足意見参照),根保証と併存して本件債権の個別保証もなされていたとみうるものであった。また,AもXもCの関連会社であり,実質的には譲渡があったといえない,との指摘もなされている。

保証契約の有効性と保証人の法的保護

保証契約が結ばれる背景には，保証人が主債務者に「私には十分な資産があるから迷惑をかけることはない」と嘘を言われた，といった事情が潜んでいることも大いに想定される。主債務者は保証契約の当事者ではないため，主債務者と保証人の間での保証委託契約ではなく，保証契約のほうで錯誤（95条）や第三者詐欺（96条2項）などの取消事由が認められなければ，保証債務は免れられない。債権法改正によって，一部の保証契約については，保証人になる者に対する債務者の情報提供義務の違反により，保証契約の取消しが可能となったが（465条の10），同条の適用対象外のものについては，なお問題が残されている。

1. 保証契約の錯誤主張

(1) 基礎事情（動機）の錯誤
物的担保が提供されるとか，他に保証人がいると誤認して保証契約を締結した場合でも，そうした事情は，意思表示の基礎とした事情（債権法改正前の判例・学説にいう「動機」）にすぎないため，相手方（債権者）に表示されていなければ取消し（改正前は無効）の主張ができない（95条2項）。

たとえば，最判昭和32・12・19民集11巻13号2299頁は，「保証契約は，保証人と債権者との間に成立する契約であって，他に連帯保証人があるかどうかは，通常は保証契約をなす単なる縁由にすぎず，当然にはその保証契約の内容となるものではない」として錯誤の主張を認めなかった。物的担保があると誤解した事例で錯誤の主張を否定したものとして，大判明治38・12・19民録11輯1786頁，大判大正6・5・30民録23輯911頁等がある。

もっとも，下級審裁判例では，ほかにも保証人がいると思っていた等の事情が債権者に表示されていたとして，保証人による錯誤の主張を是認するものも散見される（たとえば，大阪高判平成2・6・21判時1366号53頁，東京地判平成9・11・25金判1042号47頁，東京高判平成24・5・24判タ1385号168頁等）。これらの判決には，融資者としては，保証人となる者の保証意思を十分確認すべきだという考え方をみてとることができる。

(2) 重要な錯誤
主債務の発生原因についての問題性を捉えて，保証契約につき重要な錯誤（債権法改正

前の条文の文言は「要素の錯誤」）を認める判例もある。

クレジット会社に対する立替金償還債務につき保証がされたが，前提となる売買契約が，物品購入の実体のない，代金相当額の融資を受けるためにされた空クレジットであった場合につき，最判平成14・7・11判時1805号56頁は，次のように判示して錯誤の主張を認めた。「保証債務は，特定の主債務を保証する契約であるから，主債務がいかなるものであるかは，保証契約の重要な内容である。そして，主債務が……立替払契約上の債務である場合には，商品の売買契約の成立が立替払契約の前提となるから，商品売買契約の成否は，原則として，保証契約の重要な内容である」。

近時は，反社会的勢力への融資であったこと，あるいは，主債務者が融資の前提とされていた経営の実体を有していなかったことが後に判明した場合において，保証契約の錯誤の主張が認められるかが問題となった判例も現れている（前者につき最判平成28・1・12民集70巻1号1頁〔百選I-22〕，後者につき最判平成28・12・19判時2327号21頁）。

これらの判決では，主債務者の属性に関する保証人の動機が表示されていたとしても，当事者の意思解釈上，それが保証契約の内容となっていたとは認められないときには，保証人の意思表示に要素の錯誤はないというべき，とされた。

2. 保証人の代理による保証契約締結における無権代理の主張

主債務者が保証人に対して保証を委託する際，保証契約書に署名押印してもらい，これを債権者に交付する方法がとられることも少なくない。この場合に，保証契約につき主債務者が無権代理をしたとの主張がされ，表見代理（110条）の成否が争われることもある。

最判昭和45・12・15民集24巻13号2081頁は，継続的連帯保証契約の事例で，金融機関には保証人本人にその意思を確かめる義務があるのに，それを怠っていたとして，表見代理の成立を認めなかった。他方で，同種の事案につき表見代理の成立を認めたものもある（最判昭和35・10・18民集14巻12号2764頁等）。

Chapter

V

本章で学ぶこと

1. 債権譲渡
2. 債務引受
3. 契約上の地位の移転

当事者の変動

Contents

　通常は，債権の発生から消滅まで，債権者も債務者も一定である。しかし，実社会では，途中で債権者や債務者を交替させるニーズもある。そこで，民法にも，債権の当事者を変更するためのルールが設けられている。「債権譲渡」，「債務引受」がこれである。また，債権・債務の関係だけにとどまらず，取消権や解除権も含めた契約上の地位をまるごと移すということも行われている。「契約上の地位の移転」がこれにあたる。

　債権譲渡は，債権者を交替させるための制度である。これは，特に金融取引の分野で，資金調達や担保の手段としてよく使われるようになっている。そこでは，債権の譲渡を禁止・制限する特約はどのような効力をもつか，将来発生する債権を譲渡することはできるか，債権譲渡の対抗要件はどの時点で備わるか，などの点が問題となる（**V-1**）。

　債務引受は，債権譲渡とは逆に，債務者を変更するための制度である。これには，もとの債務者に加えて新たに債務者が追加されるタイプのものと，もとの債務者は債務を免れて債務者が完全に交替するタイプのものとがある。前者のタイプについては，機能が似通っている保証との比較が重要である（**V-2**）。

　契約上の地位の移転にはいろいろなものがあるが，不動産の賃貸人たる地位の移転が特によく問題とされる。ここでは，どのようにすれば契約上の地位の移転が可能かを学ぶことにしよう（**V-3**）。

Introduction

債権譲渡

　債権譲渡とは，債権者が自分の債権を第三者に譲渡することで，債権の内容や債務者は変わらないまま，債権者だけが入れ替わるというしくみだ。たとえば，AがBに商品を売り，Bに対して代金債権をもっていたとして，Aがこの債権をCに譲渡すると，債権者はAからCに交替する。僕たちの身近では債権を譲渡することなんてあまりないけど，最近では，このしくみを利用して，AがBに対する債権を担保としてC銀行に譲渡し，Cからお金を借りるなどといったことも行われていて，実社会では重要な制度なんだって。

1. 債権の譲渡性

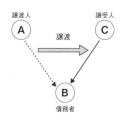

譲渡人 A ─譲渡→ 譲受人 C
　　　　↓　　　　 ↓
　　　　　 B
　　　　 債務者

　466条1項によれば，債権は原則として譲り渡すことができる。債権者Aと債務者Bとの間で譲渡を禁止・制限する合意（譲渡制限特約）をしていたにもかかわらず，これに反して債権譲渡が行われたという場合でも，この譲渡は有効である（同条2項）。ただし，このような特約があることを譲受人Cが知っていたか，または重大な過失によって知らなかった場合には，BはCからの請求を拒みAに弁済してよい（同条3項）。

　つまり，Aから債権譲渡を受けたCが譲渡制限特約の存在を知っていたとしても，譲渡自体は有効であり，Cはこの債権の債権者となれる。しかしBは，Cから請求を受けても支払わず，もとの債権者であるAに弁済すればよい。とはいえ，あくまで譲渡は有効なので，Bから弁済を受けたAは，受け取った金銭をCに引き渡さなければならない。

　このような譲渡制限特約は何のためにされるのかといえば，それはBの利益を保護するためである。債権が譲渡されると，Bは債権者が交替したことを記録しておかなければならず，事務処理が煩わしくなる。また，債権が二重，三重に譲渡されたりすると，誰が債権を取得したのかがわかりにくくなり，Bは弁済を受ける権限のない者に間違って支払ってしまいかねない。譲渡制限特約を付けておけば，Cがこの特約の存在について悪意・重過失である限り，Bは当初の債権者であるAに支払いさえすればよいので，これらの不都合は軽減されるのである。

　債権法改正前の466条は，1項で，債権は原則として譲渡できることを規定しつつ，

2項で，当事者が譲渡を禁止する特約をした場合には1項を「適用しない」としていた。そこで，債権法改正前の判例・多数説は，特約に違反する債権譲渡は誰との関係でも無効であると解していた。〔判例21〕はこのような理解に見直しを迫り，改正にも影響を与えた判例である。

2. 将来債権・集合債権の譲渡

466条の6第1項は，譲渡契約の時点では譲渡される債権がまだ発生していなくてもよいとしている。つまりこれは，将来発生する債権も現時点で譲渡できることを意味している（将来債権譲渡）。譲渡後に債権が発生すると，譲受人はその債権を当然に取得する（同条2項）。

最近では，企業が商品を売って得た代金債権（売掛代金債権ともよばれる）をまとめて金融機関に譲渡し，これを担保として融資を受けるなど，債権譲渡を使った新しい金融手法が普及しつつある。これらの金融手法では，今ある債権と合わせて，将来発生する債権も譲渡されることが多く，将来債権譲渡は実務上も重要性を増している。

しかし他方で，未発生の債権は，将来それが本当に発生するかどうかが多かれ少なかれ不確実である。たとえば，ある会社が，これから先に在庫商品を販売して得るはずの代金債権を譲渡したとしても，在庫が流行遅れになって売れなくなったり，この会社が廃業したりすれば，代金債権は結局発生することはない。そして，債権の発生が見込まれる時期が遠い将来であればあるほど，この不確実性は大きくなる。そこで以前は，向こう1年以内の，発生が確実に見込める将来債権しか譲渡できないと考えられていた時期があった。〔判例22〕は，このような理解を改めて，将来の長期間にわたる債権の譲渡を認めた判例であり，実務的にも大きな意味を有している。

3. 債権譲渡の対抗要件

債権譲渡は譲渡人（債権者）と譲受人との間の契約によって行われるので，債務者が知らないうちに譲渡が行われることもありうる。譲渡を知らされないと，債務者は，今でも譲渡人が債権者だと考えて弁済してしまうだろう。そこで，民法は，譲渡が債務者に通知されるか，または債務者が譲渡を承諾しない限り，譲受人は債務者に譲渡を対抗することができないとしている（債務者対抗要件，467条1項）。

債権が二重に譲渡された場合には，不動産や動産の二重譲渡の場合と同じように，どちらの譲受人が優先するかを決めるルールが必要である。467条2項は，債権譲渡を第三者に対抗するためには，確定日付[1]のある証書によって譲渡人が債務者に通知をするか，または債務者が確定日付のある証書によって譲渡を承諾しなければならないとする（第三者対抗要件[2]）。確定日付が要求されていることから，二重譲渡の優劣はこの確定日付の先後で判断するという考え方もありうるが，〔判例23〕はこのような立場を採らず，通知が債務者に到達した時点の先後で判断するとしている。

*1

確定日付とは，特定の種類の証書に付された作成の日付であって，その作成日について完全な証拠力が認められるものをいう（民法施行法5条）。実務では，内容証明郵便という方法がよく使われている（これが実際にどういうものかは，池田真朗編著『民法Visual Materials〔第3版〕』〔有斐閣，2021年〕74頁を見てみよう）。

*2

本文で説明した民法上の対抗要件のほかに，現在では債権譲渡登記という制度も用意されている。これは譲渡人が法人である場合に利用でき，債権譲渡を登記すれば，債務者に知らせることなく第三者対抗要件を備えることができるというものである（ただし，債務者に対抗するためには通知・承諾が必要）。

債権譲渡を禁止・制限する特約の効力

最高裁平成21年3月27日判決（民集63巻3号449頁）

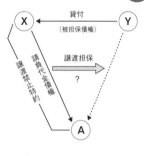

事案をみてみよう

　建設業を営むX社は，Y信用金庫に対して負う借入金債務の担保として，XがA社に対して取得する請負代金債権をYに譲渡した。この請負代金債権にはXとAとの合意により譲渡を禁止する特約がされていたが，Yは譲り受けた時にこの特約があることを知っていた。債務者であるAは，弁済をすべき相手方がXとYのどちらなのか確知することができないとして，債務額を供託した。XとYはともに，この請負代金債権の債権者は自分であるとして，供託金の還付を求める権利を主張した。

✓ 読み解きポイント

　XのAに対する債権には譲渡を禁止する特約がされていたが，Yへの譲渡はこれに反して行われている。また，Yはこの特約の存在を知っていたので，債権法改正前の判例・多数説のもとでは，XからYへの債権譲渡は無効となる。そうすると，Aにとっての債権者はXのままであり，供託金の還付を請求できるのもXということになりそうである。しかし，XはAとの間で譲渡を禁止する特約を合意した張本人であり，それを自ら破っておきながら，特約を理由に譲渡の無効を主張して弁済を受けようというのは虫がよすぎるのではないか。(1)特約は誰の利益を保護するためのものか，(2)譲渡人は特約の効力を主張することができるかが，ここでの勝敗を分けるポイントとなる。

判決文を読んでみよう

　「民法は，原則として債権の譲渡性を認め（466条1項），当事者が反対の意思を表示した場合にはこれを認めない旨定めている（〔改正前〕同条2項本文）ところ，<u>(1)債権の譲渡性を否定する意思を表示した譲渡禁止の特約は，債務者の利益を保護するために付されるものと解される。</u>そうすると，<u>(2)譲渡禁止の特約に反して債権を譲渡した債権者は，同特約の存在を理由に譲渡の無効を主張する独自の利益を有しないのであって，債務者に譲渡の無効を主張する意思があることが明らかであるなどの特段の事情がない限り，その無効を主張することは許されないと解するのが相当である。</u>」

　「Xは，自ら譲渡禁止の特約に反して本件債権を譲渡した債権者であり，債務者であるAは，本件債権譲渡の無効を主張することなく債権者不確知を理由として本件債

図（左段）

X ←貸付（被担保債権）← Y

X → 請負代金債権 譲渡禁止特約 → A

Y ⇢ 譲渡担保？ ⇢ A

---

*1｜
XのYに対する債権譲渡は担保目的で行われており，債権譲渡担保とよばれる。XがYからの貸付金を返せなくなると，Yは，あらかじめ譲渡を受けていた債権に基づいてAから弁済を受けることで，Xに対する貸付金を回収することができる。最近ではこのような債権譲渡担保の利用が増えつつある。

*2｜
債務者は，債権者を確知することができないなど一定の場合に，供託所に弁済の目的物を供託すれば債務を免れることができる（494条）。供託がされた場合，債権者は供託所に供託物の還付を請求することができる（498条1項）。

*3｜改正前466条2項
「前項の規定は，当事者が反対の意思を表示した場合には，適用しない。ただし，その意思表示は，善意の第三者に対抗することができない。」

権の債権額に相当する金員を供託しているというのである。そうすると，Ｘには譲渡禁止の特約の存在を理由とする本件債権譲渡の無効を主張する独自の利益はなく，前記特段の事情の存在もうかがわれないから，Ｘが上記無効を主張することは許されないものというべきである。」

⇩ **この判決が示したこと** ⇩

本判決はまず，（1）譲渡を禁止する特約は債務者（Ａ）の利益を保護するためのものであることを確認した。そして，（2）特約に違反する債権譲渡は無効であることを前提としつつ，譲渡を行った債権者（Ｘ）は譲渡の無効を主張する独自の利益を有しないため，原則として無効主張は許されないと判断した。そこで本件では，ＸがＹに対して譲渡の無効を主張できない結果，供託金の還付請求をすることができるのはＹだとされたのである。

 解説

Ⅰ．譲渡禁止・制限特約が保護する利益

債権は譲り渡すことができるのが原則であるが（466条1項），債権者と債務者との間で譲渡を禁止または制限する合意がされることもある（同条2項）。債権譲渡は譲渡人と譲受人との間の契約によって行うことができるので，債務者の知らないうちに債権が譲渡されて，当初とは違う者が債権者になっていることもありうる。しかしそうすると債務者は，①新しく債権者になったのが誰であるかを記録しておくという事務処理に煩わされることになるし，②この記録を怠って間違った相手に弁済してしまうと二重払いを強いられる。③それに，債務者ももとの債権者に対して債権を有していたとしても，これを用いた相殺ができなくなりかねない。譲渡を禁止・制限する特約は，債務者に生じうるこれらの不利益を回避し，債務者の利益を保護するための手段として用いられるものであり，本判決はこれを改めて確認している。

Ⅱ．特約に反する債権譲渡の効力

では，譲渡を禁止する特約に反して債権譲渡がされた場合，その譲渡の効力はどうなるのだろうか。これについて債権法改正前の判例・多数説は，特約に違反する譲渡は譲受人が悪意または重過失であれば無効であるという前提に立ってきたと考えられる（判例 21-A：最判平成9・6・5民集51巻5号2053頁〔百選Ⅱ-21〕など）。しかしこれに対しては，特約に反する譲渡も譲渡人と譲受人との間では有効である（ただし譲受人が特約の存在を知っていた場合には債務者は譲受人への弁済を拒むことができる）とする説も少数ながら有力に唱えられてきた。

本判決は，特約違反の譲渡が無効であることを前提にしており（判決文には「譲渡の無効」という表現がある），それまでの判例と同じ立場を採っているといえる。しかし，無効であるからといって，それを誰もが主張できるとは限らない。たとえば，意思能力を有しない者が意思表示をした場合にはその法律行為は無効だが（3条の2），これ

判例 21-A
「譲渡禁止の特約のある指名債権について，譲受人が右特約の存在を知り，又は重大な過失により右特約の存在を知らないでこれを譲り受けた場合でも，その後，債務者が右債権の譲渡について承諾を与えたときは，右債権譲渡は譲渡の時にさかのぼって有効となるが，民法116条の法意に照らし，第三者の権利を害することはできない」と判示した。債務者の承諾があれば「譲渡の時にさかのぼって有効になる」というのは，承諾があるまでは譲渡は無効であることを前提としていると考えられる。

は意思無能力者を保護するための規定であり，原則として意思無能力者の側からのみ無効を主張できると解される。そこで，譲渡を禁止する特約も債務者の利益を保護するためのものなのだから，債務者以外の者には譲渡の無効の主張を許さないとすることも十分に考えられる。

　実際，本件の債務者Ａも，供託によって債務をすでに免れているので，供託金の還付を受けられるのがＸ・Ｙのどちらであってもよく，Ａにとって譲渡の無効を主張する実益はない。それなのに，特約に反して譲渡を行ったＸが無効を主張できるというのはおかしいだろう。そこで本判決は，譲渡人は原則として特約違反による無効を主張できないことを明らかにしたのである。このように本判決は，信義則などの一般条項によるのではなく，譲渡禁止特約の制度趣旨から結論を導いていることに注意が必要である。

Ⅲ．本判決と債権法改正との関係

　最近では，債権譲渡は担保目的などで用いられることが多く，これは新たな金融手法として注目を集めている。しかし，譲渡を禁止する特約があると債権譲渡が無効になるというのでは，このような金融手法の妨げになるため，特約の効力について見直しを求める声が強まっていた。そこで債権法改正では，この実務からの要請を受け，特約の効力を弱めることとした。具体的にいうと，現行法は，特約に反して債権譲渡がされた場合でも譲渡は有効であることを明示したうえで（466条2項），特約があることを譲受人が知っていたか，または重大な過失によって知らなかった場合には，債務者は譲受人からの請求を拒み譲渡人（＝もとの債権者）に弁済してよいとしている（同条3項）。

　現行法のもとでは，譲渡を禁止・制限する特約があることを譲受人が知っていたとしても，譲渡自体は有効であり，譲受人はこの債権の債権者となることができる。この場合に，債務者は，譲受人から請求を受けても支払わず，もとの債権者である譲渡人に弁済すればよい。ただし，あくまで譲渡は有効なので，債務者から弁済を受けた譲渡人は，受け取った金銭を譲受人に引き渡さなければならない。

　この現行法のルールは，Ⅱでみた債権法改正前の判例・多数説の立場とは異なっており，むしろ債権法改正前の少数有力説の立場に近い。このような改正を行うことで，債務者の利益にも一定の配慮をしつつ，債権譲渡をいっそう促進していくことが目指されたのである。また，このルールは，「債務者だけが特約の効力を主張できる」とする点では，本判決が示した解決とも近いものであり，本判決が債権法改正に影響を与えたともいえるだろう。

22 将来債権譲渡の有効性

最高裁平成11年1月29日判決（民集53巻1号151頁）　　　　　　▶百選II-22

🔍 事案をみてみよう

　医師Aは診療所を営んでおり，患者の診療によって得られる報酬のうち社会保険でカバーされる部分については，B（社会保険診療報酬支払基金）から毎月一括して支払を受けていた。Aは，（おそらくは診療用機器のリース料として）リース会社Yに対して債務を負った。Yは，この債権を回収するため，AがBに対して将来有するであろう向こう8年3か月分の診療報酬債権を譲り受けた^{*1}（図表の①）。その後，Aは租税を滞納するようになり，X（国）は，この租税を徴収するため，AのBに対する診療報酬債権を差し押さえた^{*2}（図表の②）。これを受けてBが供託したので，XはYに対して，供託金の還付を求める権利が自らにあることを主張した。

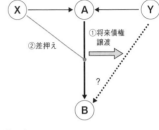

*1|

Aは，Bに対する診療報酬債権のうち，毎月一定額のみをYに譲渡していた。Bは，その一定額についてはYに，それを超える金額についてはAにそれぞれ支払っていたようである。これは，AがBから全額の支払を受けたうえで，Yに対する債務を毎月一定額ずつ返済していくのと結局は同じことだが，Yにとっては，Aを通さずBから直接支払を受けられることで，Aが無資力になった場合のリスクを負わないで済むというメリットがある。

☑ 読み解きポイント

　XとYの間で取り合いになっている，AのBに対する診療報酬債権は，Yが譲渡を受けた時にはまだ発生していなかった。するとそもそも，このような将来の債権をAは譲渡することはできるのだろうか。また，かりにこれができるとして，どのような要件を満たす必要があるだろうか。

　AがYに譲渡したのは向こう8年3か月もの長期にわたる将来債権だが，その期間ずっとAが診療所を続けるとは限らず，途中でAが診療所をやめてしまって診療報酬債権も発生しなくなるかもしれない。このように，遠い将来の債権で，発生するかどうかが不確実なものを譲渡できるのかという問題がある。

📖 判決文を読んでみよう

　「債権譲渡契約にあっては，譲渡の目的とされる債権がその発生原因や譲渡に係る額等をもって特定される必要があることはいうまでもなく，⁽¹⁾将来の一定期間内に発生し，又は弁済期が到来すべき幾つかの債権を譲渡の目的とする場合には，適宜の方法により右期間の始期と終期を明確にするなどして譲渡の目的とされる債権が特定されるべきである。」「将来発生すべき債権を目的とする債権譲渡契約にあっては，契約当事者は，譲渡の目的とされる債権の発生の基礎を成す事情をしんしゃくし，右事情の下における債権発生の可能性の程度を考慮した上，右債権が見込みどおり発生しなかった場合に譲受人に生ずる不利益については譲渡人の契約上の責任の追及により清

*2|

国は、未払の税金を取り立てるため、滞納者の財産を差し押さえることができる。本件では、Bに対する債権は滞納者Aにとっての財産なので、X（国）はこれに着目して差押えを行ったのである。債権が差し押さえられると、BはAに弁済することを禁じられ、XはBから直接弁済を受けることで未払の税金を回収する（なお、国以外の債権者も、民事執行法に定められた手続により、債務者が有する債権を差し押さえることができる）。

算することとして、契約を締結するものと見るべきであるから、⑵右契約の締結時において右債権発生の可能性が低かったことは、右契約の効力を当然に左右するものではないと解するのが相当である。」「もっとも、契約締結時における譲渡人の資産状況、右当時における譲渡人の営業等の推移に関する見込み、契約内容、契約が締結された経緯等を総合的に考慮し、⑶将来の一定期間内に発生すべき債権を目的とする債権譲渡契約について、右期間の長さ等の契約内容が譲渡人の営業活動等に対して社会通念に照らし相当とされる範囲を著しく逸脱する制限を加え、又は他の債権者に不当な不利益を与えるものであると見られるなどの特段の事情の認められる場合には、右契約は公序良俗に反するなどとして、その効力の全部又は一部が否定されることがあるものというべきである。」

⬇ この判決が示したこと ⬇

　本判決はまず、（1）将来債権の譲渡が可能であることを前提としたうえで、いつからいつまでの間に発生する債権を対象とするかを明確にするなどして、譲渡される債権を特定する必要があるとした。

　次に本判決は、（2）将来債権の譲渡契約時にその債権が発生する可能性が低かったとしても譲渡が無効になるわけではないとして、本件での向こう8年3か月分の将来債権の譲渡を有効とした（その結果、Yへの譲渡がXの差押えに優先することになり、Xが敗訴した）。ただし、（3）譲渡契約の内容が、譲渡人の営業活動に過大な制限を加えたり、譲渡人の他の債権者に不当な不利益を与えたりするような場合には、公序良俗違反（90条）などを理由に将来債権譲渡が無効となることがあるとしている。

 解説

I. 将来債権譲渡の有効性

1 ▸▸ 本判決以前の考え方

　債権法改正前の民法には、将来債権の譲渡に関する規定はなかったが、判例は戦前からこれを有効としてきた。現時点では存在しない物、たとえばこれから製造する予定の自動車などであっても、これを目的物とする売買契約を結ぶことは問題なく認められており、ただ、買主が目的物の所有権を取得するのはその物が存在するに至った時点となるにすぎない。これと同じように考えれば、将来発生する債権を現時点で譲渡することも当然に認められるはずである。

　しかし、本判決より前に、向こう1年分の将来債権の譲渡が有効かが争われた事件で、最高裁は、「それほど遠い将来のものでなければ、……その発生を確実に予測しうるものであるから、……有効に譲渡することができる」としていた（最判昭和53・12・15判時916号25頁）。そこで、本判決が現れるまでは、将来債権譲渡は向こう1年分までが有効で、それを超える遠い将来の債権は、発生が確実に見込めないため譲渡できないと考えられていた。

*3|

ここで注意すべきなのは、昭和53年最判も、1年を超える将来の債権の譲渡については有効とも無効とも判断していなかったということである。しかし実務では、この判例は将来債権譲渡の有効性を1年分に限って認めるものと受け止められたのである。

2 ▸▸ 本判決の意義と影響

　これに対して本判決は，債権発生の可能性が低くても譲渡はできるとして，向こう8年3か月分の将来債権譲渡を有効とした。譲渡された債権が結局発生しなかったとしても，それは譲渡人が譲受人に債務不履行責任を負うとして処理すれば足りることであり，譲渡をはじめから無効とする必要はないというのがその理由である。

　ただし，将来債権譲渡は複数の債権を対象として行われることが通常である。そこで本判決は，どの範囲の債権が譲渡されるかが特定されていなければならないとした。この特定は，①譲渡対象債権の発生原因，②譲渡に係る額，③譲渡対象債権の発生期間の始期と終期などを明示して行うこととされているが，この①～③は例示であり，要はどれが譲渡対象の債権かが区別できるようになっていればよい。したがってたとえば，ある特定のマンション甲を賃貸することで得られる賃料債権を譲渡する場合には，「2023年中の甲の賃料債権」などとしておけば譲渡対象債権の特定として十分であり，誰が債務者かを特定しておくことは必ずしも求められない。

　本判決によって，1年を超える将来の債権も有効に譲渡できることが明らかになり，現在では，将来債権譲渡は最先端の金融手法を支える法的しくみとして広く用いられるようになっている。債権法改正では，「債権の譲渡は，その意思表示の時に債権が現に発生していることを要しない」という条文が新設されたが（466条の6第1項），この規定は本判決の趣旨を明文化したものである。[*4]

Ⅱ. 将来債権譲渡が制限される場合

　もっとも，将来のあまりに長期間にわたって，譲渡人が取得する予定の債権をほとんどすべて譲渡してしまうような契約がされると，譲渡人のもとには資金が入ってこなくなるため，営業活動を続けるのは難しくなる。また，このような譲渡がされると，譲渡人の財産状況が悪化し，譲渡人の債権者たちは回収を得られる見込みが大きく低下してしまいかねない。

　そこで本判決は，契約時の譲渡人の資産状況・譲渡人の営業の推移に関する見込み・契約内容・契約締結の経緯等によっては，将来債権譲渡契約が公序良俗違反で無効となる可能性があるとも判示している。債権法改正でもこれについて特に規定は設けられていないので，本判決がこのような判断を示したことは現行法のもとでも意味をもち続けることになる。

*4|

それでは，将来債権譲渡の対抗要件はどうすれば備えられるだろうか。最判平成13・11・22民集55巻6号1056頁（百選Ⅰ-98）は，この場合にも通常の債権譲渡と同様の方法によって対抗要件を備えることができるとした。具体的には，確定日付のある証書による通知・承諾または債権譲渡登記によって第三者対抗要件を具備することになる。現行法は，467条1項にかっこ書を加えることで，この判例を明文化している。

事案をみてみよう

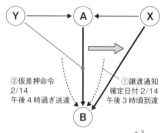

②仮差押命令
2/14
午後4時過ぎ送達

①譲渡通知
確定日付2/14
午後3時頃到達

A は，借地の上に建物を所有し，そこで営業活動を行っていたが，この土地が B（東京都下水道局長）に買収されたため，その補償として約 2000 万円を B に支払ってもらうことになっていた。昭和 44 年 2 月 13 日頃，A はこの補償金債権を X に譲渡し[*1]，A は，翌 14 日付けの公証人の確定日付がある書面[*2]を 14 日午後 3 時頃に B に持参して譲渡を通知した（図表の①）。他方，A の債権者である信用金庫 Y は，A の B に対する補償金債権について仮差押え[*3]を行い，裁判所の仮差押命令は 14 日午後 4 時過ぎに B に送達された（図表の②）。X は，自分のほうが先に補償金債権の譲渡を受け，第三者対抗要件も備えたのだから，Y がこの債権に対して仮差押えをすることはできないと主張した。

✓ 読み解きポイント

467条2項は，債権譲渡を第三者に対抗するためには，確定日付のある証書によって譲渡人が債務者に通知をするか，または債務者が確定日付のある証書によって譲渡を承諾しなければならないとする。この事件では，Xへの債権譲渡は2月14日付けの確定日付のある書面でBに通知されているが，この書面には時刻までは書かれていなかった。そこで，Xへの譲渡とYによる仮差押えの優劣を，記載された確定日付を基準に判断するのであれば，仮差押えも14日にされている本件ではどちらが優先するかを決めることができないので，Xの主張は認められないとも考えられる。

しかし，債権譲渡の通知がされた時点（14日午後3時頃）は，Yによる仮差押命令がBに送達された時点（14日午後4時過ぎ）よりも前だから，もしXとYの優劣を通知の到達時を基準に判断するのであれば，Xの主張が認められるはずである。そこで本件では，債権譲渡の第三者対抗要件が備わる時点を確定日付の日時と解するか，それとも通知が債務者に到達した時点と解するかが勝敗を決するポイントとなったのである。

判決文を読んでみよう

「民法 467 条 1 項が，債権譲渡につき，債務者の承諾と並んで債務者に対する譲渡の通知をもって，債務者のみならず債務者以外の第三者に対する関係においても対抗要件としたのは，債権を譲り受けようとする第三者は，先ず債務者に対し債権の存否

*1｜

〔判例21〕では担保として，〔判例22〕では債務の計画的な返済のために，それぞれ債権譲渡が使われていた。これらは正常な資金調達のために債権譲渡が用いられた例である。これに対して本件は，Aの信用状態が悪化したのをみて，XがAに対する債権の回収を確保するために債権譲渡を受けたケースのようである。以前はこのように，債務者が支払不能になりそうなときに，緊急の回収手段として債権譲渡が使われることが多かったといわれている。

*2｜

確定日付についてはIntroduction＊1（p.87）参照。公証人とは，ある事実の存在などを証明・認証する公務員であり，公証役場で執務を行っている。本件では，書面に公証人の日付印をもらったうえで，その書面をAがBに持参しているが，これでも確定日付のある証書による通知になる（民法施行法5条1項2号）。

ないしはその帰属を確かめ，債務者は，当該債権が既に譲渡されていたとしても，譲渡の通知を受けないか又はその承諾をしていないかぎり，第三者に対し債権の帰属に変動のないことを表示するのが通常であり，第三者はかかる債務者の表示を信頼してその債権を譲り受けることがあるという事情の存することによるものである。このように，(1)民法の規定する債権譲渡についての対抗要件制度は，当該債権の債務者の債権譲渡の有無についての認識を通じ，右債務者によってそれが第三者に表示されうるものであることを根幹として成立しているものというべきである。そして，同条2項が，右通知又は承諾が第三者に対する対抗要件たり得るためには，確定日附ある証書をもってすることを必要としている趣旨は，債務者が第三者に対し債権譲渡のないことを表示したため，第三者がこれに信頼してその債権を譲り受けたのちに譲渡人たる旧債権者が，債権を他に二重に譲渡し債務者と通謀して譲渡の通知又はその承諾のあった日時を遡（さかのぼ）らしめる等作為して，右第三者の権利を害するに至ることを可及的に防止することにあるものと解すべきであるから，前示のような同条1項所定の債権譲渡についての対抗要件制度の構造になんらの変更を加えるものではないのである。

右のような民法467条の対抗要件制度の構造に鑑（かんが）みれば，(2)債権が二重に譲渡された場合，譲受人相互の間の優劣は，通知又は承諾に付された確定日附の先後によって定めるべきではなく，確定日附のある通知が債務者に到達した日時又は確定日附のある債務者の承諾の日時の先後によって決すべきであり，また，確定日附は通知又は承諾そのものにつき必要であると解すべきである。そして，右の理は，債権の譲受人と同一債権に対し仮差押命令の執行をした者との間の優劣を決する場合においてもなんら異なるものではない。」

↓ この判決が示したこと ↓

本判決は，(1)債務者への通知が債権譲渡の第三者対抗要件とされているのは，債権譲渡の事実を債務者に知らせることによって，債権を譲り受けようとする第三者が債務者に問い合わせた際に，債務者が譲渡の有無を回答できるようにするためであるとした。そして，この通知を確定日付ある証書で行うことが求められているのは，通知の日時をさかのぼらせて第三者の利益を害するようなことが行われるのをできる限り防ぐためにすぎないとして，(2)債権譲渡の第三者対抗要件は証書に記載された確定日付の時点ではなく通知が債務者に到達した時点で備わるとした。したがって，Xへの債権譲渡の通知がBに到達したのがYの仮差押命令の送達よりも1時間ほど前だった本件では，XがYに優先することになり，Xが勝訴したのである。

 解説

I. 債権譲渡の対抗要件のしくみ

債権譲渡でも不動産や動産と同じように二重譲渡がありうるが，この場合にどちらの譲受人が優先するかを決めるルールが467条2項である（第三者対抗要件とよばれる）。これに対して，債権譲渡では譲渡対象債権の債務者の立場に特別な配慮が必要であり，

＊3｜

債権者は債務者の有する債権などの財産を差し押さえることができるが（［判例22］＊2〔p. 92〕参照），民事執行法に定める手続（債務者に対する訴訟など）をふまなければならない。それまでの間に債務者の財産が処分されてしまいそうな場合などには，民事保全法という法律の手続に従って，債務者の財産の処分を禁止することができる。これを仮差押えという。

これを定めているのが同条1項である（これは債務者対抗要件とよばれる）。後者について先にみておくと、債権譲渡は債務者の関与がなくてもできるものの、債務者は誰に弁済すべきかを知らされていなければ困る。そこで、譲渡人から譲渡の通知を受けていない（譲渡の承諾もしていない）債務者は、譲受人から請求があってもこれを拒むことができるとされている。

　では、第三者との関係でも通知・承諾が対抗要件とされているのはなぜか。それは、債権譲渡についての情報を債務者に集め、この債権を譲り受けたいと思った者から照会があれば債務者が回答できるようにして、これにより多少なりとも公示の機能を実現しようとしたからである。これは、債務者をいわばインフォメーションセンターとして機能させようとするものである。[*4]

II. 債権譲渡の第三者対抗要件はいつ備わるか

　467条2項は、同条1項と違って、通知・承諾が確定日付ある証書によってされることを要求している。そこで、債権が二重に譲渡された場合には、この確定日付が早いほうが勝つとするのが自然であるようにも思える。

　しかしIでみたように、債権譲渡の第三者対抗要件のしくみは、譲渡についての債務者の認識に基礎を置いている。第1の譲渡について確定日付は付されたが通知がなかなかされないような場合、債務者はこの譲渡を認識できないので、照会があっても「その債権はまだ譲渡されていない」と回答することになる。ここで、あとから第1譲渡についての通知がされると確定日付を基準に優劣が判断されるというのでは、「まだ譲渡されていない」という回答を信じた第2譲渡の譲受人が害されてしまうのである。

　そこで、債務者をインフォメーションセンターとする対抗要件制度のもとでは、債権譲渡の第三者対抗要件は、証書に記載された確定日付の時点ではなく、譲渡通知が債務者に到達した時点で備わると解さなければならない。[*5]そうすると次に、467条2項が確定日付を要求しているのはなぜかが問題となるが、これは、本当は後れて債権を譲り受けた者が、譲渡人や債務者と示し合わせて、通知をした日時が実際より前だったと嘘を言い、先に譲り受けた者を害するような事態ができるだけ起こらないようにするためだと説明されることになる。たとえば、AのBに対する債権を、AがまずXに、次にYに譲渡し、Bへの通知もこの順序でされたとする。ここで、YがAやBとグルになって、A→Y譲渡についての通知が先にBに到達したと嘘をつくと、Xは本当は先に対抗要件を備えたのに負けてしまうことになりかねない。通知に確定日付を付けなければならないことにすると、その日付より前に通知があったとはいえなくなるので、ABYとしてはそのぶん嘘がつきにくくなるのである。本判決は、最高裁としてはじめてこれらのことを示した判例である。

　なお、債権法改正では467条はほぼそのまま維持されたので、本判決は現行法でも引き続き先例としての意義をもつと考えられる。

*4｜
ただし、債務者には照会に応じて回答すべき義務はない。そのため、このしくみによる公示は十分なものとはいえない。そこで、より公示の機能に優れた債権譲渡登記の制度が導入され、民法467条の対抗要件と並存して用いられるようになっている。

*5｜
明治時代に民法をつくった起草者は、通知がされた日時を確定日付で証明するしくみを考えていた。これであれば、債務者が譲渡の事実を知った時点が確定日付で証明されることになるので、債務者をインフォメーションセンターとする考え方ともうまく調和する。しかし実際には、通知の到達時を公的に証明する制度を作ることは難しいため、現在では、確定日付が付いた証書を用いて通知がされればよい（通知がいつ到達したかは別の方法で立証する）とされている。

債権譲渡の対抗要件に関する様々なルール

［判例 **23**］では，債権譲渡の対抗要件に関する有名な判例を学んだ。これによれば，債権が二重に譲渡され，両方について確定日付のある証書による通知がされた場合には，通知が先に債務者に到達したほうの譲渡が優先する。それでは，これ以外のケースでは債権譲渡の優劣はどうやって決まるのだろうか。以下では，債権譲渡の対抗要件に関するルールを示した判例をいくつかみていこう。

1. 単なる通知・承諾と確定日付ある通知・承諾

第 1 の譲渡について債務者が確定日付のある証書によらずに承諾した後，第 2 の譲渡が行われ，こちらは確定日付のある証書によって債務者に通知されたとする。この場合，第 1 譲受人は債務者対抗要件しか具備していないのに対して，第 2 譲受人は第三者対抗要件まで備えている。ここで第 1 譲受人から弁済を求められたとき，債務者はこれに応じるべきだろうか。大判大正 8・3・28 民録 25 輯 441 頁は，第 1 譲受人は 467 条 2 項により第 2 譲受人に譲渡を対抗できなくなる結果，いったん取得したはずの債権を取得しなかったことになるため，債務者は第 1 譲受人ではなく第 2 譲受人に弁済しなければならないとした。

それでは，第 1 の譲渡について確定日付のある証書による通知・承諾はされなかったが，第 1 譲受人に対する弁済等によってこの債権が消滅し，その後で第 2 の譲渡が行われて確定日付のある証書による通知・承諾がされた場合はどうか。大判昭和 7・12・6 民集 11 巻 2414 頁は，債権の消滅後にされた第 2 譲渡は無効であって第 2 譲受人は債権を取得することができないため，これはそもそも対抗問題を生じる場面ではないとして，第 2 譲受人からの弁済請求をしりぞけた。

2. 通知の同時到達・先後不明の場合

（1） 債務者との関係

［判例 **23**］のルールは，第三者対抗要件の備わる時期に先後があることを前提としていた。しかし，確定日付のある証書による通知が債務者のもとに同時に到達した場合や，これらの通知のうちどちらが先に債務者に到達したかわからない場合はどうしたらよいだろうか。通知が同時に届くなんて，そんな偶然めったにないでしょ，と思うかもしれないが，たとえばある会社の信用状態が悪化し，債権者たちがその会社の有する債権をわれ先にと譲り受けて回収を図るなどといった場合には，このような事態が起こることが実際にありうる。

このケースでは通知の到達に先後はないから，［判例 **23**］のルールは使えない。そこで判例は，各譲受人は債務者に対し全額の弁済を請求することができ，譲受人の 1 人から弁済の請求を受けた債務者は，同順位の譲受人がほかに存在することを理由として弁済を免れることはできないとした（最判昭和 55・1・11 民集 34 巻 1 号 42 頁）。

（2） 譲受人相互の関係

とはいえ，通知の同時到達や到達の先後不明の場合，譲受人相互間には優劣はないはずなのに，最初に弁済を受けた者だけが得をするのは不公平なようにも思える。そこで，最判平成 5・3・30 民集 47 巻 4 号 3334 頁（百選 II-24）は，債務者が供託した場合には，競合する譲受人は供託金額を按分した額の供託金還付請求権をそれぞれ分割取得するとしている。

学説では，この判例にならい，債務者が供託せず譲受人の 1 人に弁済した場合にも，他の譲受人は弁済を受けた譲受人に対して分配を請求することができるとする見解が有力である。他方，これだと弁済を受けた譲受人の負担が重すぎるとして，供託以外の場面では分配を否定する見解もある。

3. 債務者が弁済先を誤った場合

以上のように，債権の二重譲渡の優劣判定ルールは複雑であり，債務者がこの判断を誤って，劣後する譲受人に弁済してしまうことがありうる。その場合には債務者は免責を受けられず，優先する譲受人に改めて弁済しなければならないのが原則である。しかし，最判昭和 61・4・11 民集 40 巻 3 号 558 頁（百選 II-26）は，このような場合にも 478 条によって債務者が免責を得られる可能性があるとした（478 条については **Chapter VI-1** 参照）。ただし，同条の適用を受けるためには，劣後譲受人を真の債権者であると信じたことに「相当な理由」が必要とされる。この事件では，債権譲渡の解除後にこの解除が撤回されるなど複雑な経過をたどったが，それでも最高裁は「相当な理由」を認めず，478 条の適用を否定した。

2

Introduction

Contents

債務引受

> A君がB君にお金を貸してたんだけど，Cさんが，「その借金，引き受けた！」だって。でも，A君はそれでいいのかな？　「引き受けた」っていうコトバの意味にもよると思うんだけど……。

1. 併存的債務引受

併存的債務引受

併存的債務引受は，引受人Cが，債務者Bと連帯して，Bが債権者Aに対して負う債務と同一の内容の債務を負担するというしくみである（470条1項）。Aにとっては，請求できる相手方が増えるので，履行を受けられる可能性もその分だけ高まる。つまり，併存的債務引受は，保証と同じように担保としての機能を果たしうる。

併存的債務引受をABC三者の契約によって行えるのは当然である。また，Bにとっては自分以外に債務を引き受けてくれる人が増えるだけであり，不利益はないから，ACのみの契約で併存的債務引受を行うことも認められる（同条2項）。さらに，Aにとっても請求できる相手が増えるだけで不利益はないから，BCのみの契約でも併存的債務引受はでき，この場合にはAが承諾した時にその効力が生じる（同条3項）。

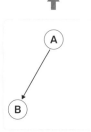

債権法改正前は債務引受に関する規定はなかったが，〔判例24〕は併存的債務引受が可能であることを前提として，その効果を示したものである。

2. 免責的債務引受

免責的債務引受

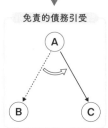

免責的債務引受は，BがAに対して負う債務と同一の内容の債務を引受人Cが負担する点では併存的債務引受と同じだが，Bがこれによって債務を免れるという点に違いがある（472条1項）。実務では，CがBから買おうとする不動産がBのAに対する債務の担保になっている場合に，Cがこの債務を引き受ける代わりに，Bに支払う代金をその分安くしてもらうなどといったかたちで使われている。

免責的債務引受はABC三者の契約によって行えるほか，Bに不利益はないからACのみの契約でも行うことができ，この場合にはBに通知がされた時点で効力が生じる（同条2項）。これに対して，免責的債務引受はAの債権回収の見込みを下げるおそれがあるので（BよりもCのほうが財産が少ないなど），Aの意思を無視してこれをすることはできない。ただし，BCのみで免責的債務引受の契約をした場合でも，あとからAが承諾すれば，この免責的債務引受は有効である（同条3項）。

24 併存的債務引受の効果

最高裁昭和41年12月20日判決（民集20巻10号2139頁）

事案をみてみよう

Y₁ 社は，もともと中古衣料の輸入販売を行っていたが，フィリピンから鉄鉱石を輸入して国内の製鉄会社に売り渡すことになった。[*1] Y₁ は，鉄鉱石の買付交渉に必要な資金として，X から約 70 万円を借り入れた。ところが，まもなく Y₁ は解散手続に入り，X は貸付金の弁済を受けられなかった。Y₁ の前社長である Y₂ は，X からの要求に応じて，「私の責任において解決方法を講じます」という文書を差し入れた。その後，X は Y₁ と Y₂ に対して貸付金の弁済を求めたが，これに対して Y₁ と Y₂ は，借入金債務は時効により消滅していると主張した。原審は，Y₁ については消滅時効の主張を認めて X の請求をしりぞけたが，Y₂ については，文書の差入れが併存的債務引受にあたるとしたうえで，Y₂ が文書を差し入れた時からは時効完成に必要な期間はまだ経過していないとして，X の請求を認めた。

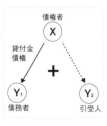

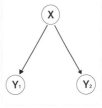

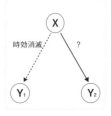

✓ 読み解きポイント

本件では，併存的債務引受が行われたときの効果が問題となる。債権法改正前の民法には債務引受に関する規定はなかったが，併存的債務引受は債務者が複数となる点で連帯債務と共通するため，判例や学説は連帯債務の規定を参照しながら併存的債務引受の効果を論じてきた。

ところで，債権法改正前の439条は，連帯債務において時効完成が絶対的効力を有することを規定していた。併存的債務引受でもこれと同じ考え方を採るならば，本件ではY₁の負担部分についてY₂も債務を免れるはずである。ところが，当時の学説には，併存的債務引受によって生じるのは不真正連帯債務の関係であって，連帯債務の絶対的効力に関するルールは適用されないとする見解があった（不真正連帯債務については**Chapter Ⅳ-1 Introduction**〔p. 68〕を参照）。この見解によれば，各債務者について生じた事由は相対的効力しかもたないので，Y₂は依然として債務を負うことになるだろう。このどちらの立場を採るべきか，それが本件のポイントである。

*1|

中古衣料の輸入販売を行っていたY₁が，なぜ突如として鉄鉱石の輸入販売を行うことになったのか，そのいきさつはよくわからない。終戦直後（昭和26年）という時代背景によるものだろうか。

判決文を読んでみよう

「重畳的[*2]債務引受がなされた場合には，反対に解すべき特段の事情のないかぎり，原債務者と引受人との関係について連帯債務関係が生ずるものと解するのを相当とする。」「本件について，……連帯債務関係が生じない特段の事情があるとは解されず，したがって，右原債務者の債務の時効消滅の効果は，〔改正前〕民法 439 条の適用上，[*3]

右原債務者の負担部分について債務引受人にも及ぶものと解するのを相当とする。」

⇓ この判決が示したこと ⇓

本判決は，特段の事情がない限り，併存的債務引受の引受人と債務者とは連帯債務者どうしの関係に立つとした。そしてそこから本判決は，債権法改正前の439条をストレートに適用して，Y1の債務が時効により消滅した結果，Y1の負担部分についてY2も債務を免れるとしたのである。[4]

 解説

Ⅰ．併存的債務引受による連帯債務関係の成立

実は，併存的債務引受によって連帯債務関係が成立するという立場を裁判所が採ったのは，これがはじめてではない。すでに戦前の大審院の判例には，併存的債務引受により引受人は連帯債務を負担するとして，改正前439条の適用を認めたものがあった（判例24-A：大判昭和14・8・24法律新聞4467号9頁）。

しかし，本件のXもそうだが，債権者は併存的債務引受によって履行を受けられる可能性を高めようとしているのに，Y1との関係で消滅時効が完成したらY2との関係でもその効力が及ぶというのでは，Xの期待に沿わないのではないか。

債権法改正前の連帯債務には債権の効力を弱める絶対的効力事由が多かったので（Chapter Ⅳ-1 Introduction を参照），連帯債務関係を認めると債権者に思わぬ不利益を及ぼすおそれがあるとして，大審院の判例に対しては学説からの批判があった。有力な学説は，併存的債務引受では各債務者について生じた事由は相対的効力しかもたない（＝不真正連帯債務の関係になる）のが原則であるとしつつ，債務者と引受人との間に主観的な共同関係がある場合には例外的に連帯債務関係になると主張していた。

ところが，本判決は大審院と同様に，併存的債務引受によって連帯債務関係が生じるのが原則であることを最高裁としてはじめて明らかにした。もっとも，最高裁がこの立場を採った理由は判決文からはあまりはっきりしない。

Ⅱ．債権法改正ではどうなったか

現行法の470条1項には「債務者と連帯して」とあり，これは併存的債務引受によって連帯債務関係が生じることを明らかにする趣旨である。しかし，現行法では連帯債務の絶対的効力事由が大幅に減らされており（Chapter Ⅳ-1 Introduction の5〔p.69〕参照），本判決と同じ結論になるわけではないことに注意が必要である。つまり，本件で問題になった時効完成は相対的効力しかもたないので，Y1について消滅時効が完成してもY2には影響を及ぼさず，XはY2に全額を請求できるのが原則ということになる。ただし，XとY2が絶対的効力について合意していれば別である（441条ただし書）。このように，実は現行法では，債権法改正前の有力な学説の立場に近いルールが採用されているのである。

*2｜「重畳的債務引受」は「併存的債務引受」と同じ意味である。債権法改正によって条文が設けられるまでは，「重畳的債務引受」というよび方もよくされていた。

*3｜改正前439条「連帯債務者の1人のために時効が完成したときは，その連帯債務者の負担部分については，他の連帯債務者も，その義務を免れる。」

*4｜Y1Y2それぞれの負担部分は本判決では確定されていないが，Y2が債務引受をしたいきさつを考えれば，Y1とY2の間ではY1が全額を負担する（Y1の負担部分が100％である）と考えることも十分に可能だろう。かりにそうだとすると，Y2は全額について債務を免れることになる。

判例24-A
併存的債務引受がされたときは，債務者と引受人は連帯債務を負担するから，債務者のために時効が完成したときは，（改正前）439条により，債務者の負担部分について引受人も債務を免れるとした。

Ⅲ． 保証の場合との比較

　ところで，併存的債務引受の効果に関する現行法のルールは，保証の場合のルールとは異なっている。保証であれば，主たる債務について消滅時効が完成すると，保証人はこれを援用することによって自らの債務を免れることができるのである（145条）。そうすると，併存的債務引受なのか保証なのかが結論を左右することになりそうだが，両者の区別はしばしば微妙である。

　本件でも，Y₂が差し入れた「私の責任において解決方法を講じます」という文書の意味をどう理解するかが問題であり，はじめXはY₂との契約を併存的債務引受ではなく連帯保証であると主張していたことからもうかがわれるとおり，Y₂がどちらの意図をもっていたかは明確であるとはいいにくい。とはいえ本判決は，併存的債務引受においても保証と同様に，時効完成が絶対的効力を有するとしたので，Y₂の意思をどちらに解したとしても，結局はY₂が免責されるという同じ結論を導くことが可能であった。これに対して，かりに本件が現行法のもとで争われたならば，Y₂が差し入れた文書の解釈いかんによって，Y₂が免責を受けられるかどうかが変わってくることになるだろう。

　このほかにも，保証であれば書面の作成が要求され（446条2項），個人（法人でない者）が保証人になる場合の要件も厳格である（465条の2以下，465条の6以下）など，保証人を保護するための手当てがいろいろと施されているのに対して，併存的債務引受を行う引受人にはこのような保護が与えられていない。両者は類似の機能を果たす制度であるが，これらの保証人保護規定の適用を回避するために併存的債務引受が悪用されることがないようにしなければならない。

3

Introduction

契約上の地位の移転

 賃貸マンションのオーナーがそのマンションを売るとき，入居者との賃貸借契約はそのままにしておいて，これをマンションの買主に引き継がせることが多いんだって。買主は新しい入居者を探してくる手間が省けるし，売主はその後は賃貸人としての責任を負わなくてよくなるから，このほうが便利だよね。

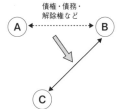

債権・債務・
解除権など

債権譲渡や債務引受を使えば，債権・債務を第三者に移転させることはできる。しかし，債権・債務を発生させるもとになる契約の当事者は，債権譲渡や債務引受がされても変わることはない。AとBが結んだ契約について，Aがこの契約から生じる債権と債務をすべてCに移転したとしても，CがAに代わってこの契約の当事者になるわけではない。そこで，債権・債務だけでなく契約上の地位をそっくりそのまま第三者に移す制度が必要になる。それが「契約上の地位の移転」である。

契約上の地位の移転のうち，最も議論が多いのは賃貸借契約における賃貸人の地位の移転だが，賃借人の地位を移転させることもあるし，売買契約における売主・買主の地位，雇用契約における使用者の地位，ゴルフ会員契約における会員の地位なども譲渡によって移転することがある。

AからCへと契約上の地位の移転が行われると，Cが契約当事者，つまりBの契約上の相手方となる。他方で，Aは契約関係から離脱し，Bとの契約関係はなくなる。それ以降，契約上の債権・債務はBとCとの間で発生することになる。また，契約の取消権や解除権などもCに移転する。

契約上の地位の移転は，契約当事者の一方Aが第三者Cとの間で契約上の地位を譲渡する契約を結び，他方の当事者Bがそれを承諾すれば効力を生じる（539条の2）。ただし，不動産の賃貸人たる地位は例外であり，賃貸人AがCに不動産を譲渡するとともに，その賃貸人たる地位を移転する場合には，賃借人Bの承諾はいらない（605条の2第1項，605条の3）。これは，［判例 25］を含む債権法改正前の判例を明文化したものである。

25 不動産の賃貸人たる地位の移転

最高裁昭和46年4月23日判決（民集25巻3号388頁）　　　　▶ 百選Ⅱ-34

事案をみてみよう

　Xは，甲土地の所有者Yとの間で，甲の上に建物を建ててこれを所有することを目的として，甲を20年間賃借する契約（本件賃貸借契約）を結んだ。しかし，Xは甲の上に建物を建築せず，約13年間も空き地のまま放置していた。また，この間，甲にかかる税金が増額されたため，Yは賃料の値上げをXに申し入れたが，Xはこれに応じなかった。そこでYは，Xとの間の賃貸借関係を承継するという負担付きで，甲を相場の約3分の1の価格でAに売却した。しかし，その後まもなくXが甲の上に建物を建築しようとしたところ，Aの妨害にあい，Xは甲を使用することができなくなった。Xは，Yに対して，本件賃貸借契約の債務不履行（Yの責めに帰すべき事由によって，甲をXに使用収益させるというYの債務が履行不能になったこと）を理由に損害賠償を求めた。

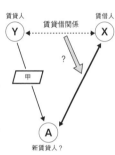

✓ 読み解きポイント

　Yは，Xが賃料の値上げに応じてくれないため，甲をAに売却してXとの賃貸借関係から離脱しようとしている。YとAとの間では，Aが賃貸借関係を引き継ぐこと，つまり本件賃貸借契約上の「賃貸人たる地位」をAに移転することについての合意が成立している。そうすると，その後にAの妨害によってXが甲を使用収益できなくなったのは，新賃貸人であるAの債務不履行であり，すでに賃貸借関係から離脱しているYには関係のないことだとも思える。

　しかし，「賃貸人たる地位の移転」も「契約上の地位の移転」の一種だから，契約の相手方（賃借人）の承諾なしには行えないのではないか。もしそうだとすると，本件ではXの承諾はないから，賃貸人たる地位は移転しておらず，Yは引き続き賃貸人として，Xが甲を使用収益できなくなったことについての債務不履行責任を負わなければならないのではないか。「不動産の賃貸人たる地位の移転は賃借人の承諾がなくても行うことができるか」，これが本件の勝敗を分けるカギになる。

*1｜
甲の代金が相場の約3分の1と安くなっているのは，賃借権の負担が付いていて，Aが自ら使用収益することができないという事情を織り込んだ価格設定と思われる。

📖 判決文を読んでみよう

　「土地の賃貸借契約における賃貸人の地位の譲渡は，賃貸人の義務の移転を伴なうものではあるけれども，賃貸人の義務は賃貸人が何ぴとであるかによって履行方法が特に異なるわけのものではなく，また，土地所有権の移転があったときに新所有者にその義務の承継を認めることがむしろ賃借人にとって有利であるというのを妨げない

から，一般の債務の引受の場合と異なり，特段の事情のある場合を除き，新所有者が旧所有者の賃貸人としての権利義務を承継するには，賃借人の承諾を必要とせず，旧所有者と新所有者間の契約をもってこれをなすことができると解するのが相当である。」

> ⇩ **この判決が示したこと** ⇩
>
> 　本判決は，土地の賃貸人たる地位の移転は，通常の契約上の地位の移転とは異なり，契約の相手方である賃借人の承諾を必要とせず，旧賃貸人（土地の旧所有者）と新賃貸人（土地の新所有者）の間の合意のみで行うことができるとした。そこで本件でも，賃貸人たる地位はYA間の合意で有効にAに移転したと認められるので，Yは本件賃貸借契約の当事者ではなく，債務不履行に基づく損害賠償責任を負わないということになったのである。

☝ 解説

Ⅰ. 契約上の地位の移転と契約相手方の承諾

　契約上の地位の移転は，契約当事者の一方（本件でいうとY）が第三者（本件ではA）との間で契約上の地位を譲渡することを合意し，契約の相手方（本件ではX）がそれを承諾することによって効力を生じるとされている（539条の2）。最初から三者で合意すればよいのはもちろんであるが，民法は「YA間の合意＋Xの承諾」でもよいとして，要件を緩和しているのである。

　では，なぜYA間の合意だけで成立しないのかというと，契約上の地位の移転には，YのXに対する債務をAに移転させることも含まれているからである。これは免責的債務引受にあたるので，債権者であるXの意思を無視できないのである。

　しかし，本判決はこの原則に従わず，土地の賃貸人たる地位の移転には契約相手方（賃借人）Xの承諾は必要ないとした。その根拠は何だろうか。

Ⅱ. 「賃貸人たる地位の移転」の特殊性

1 ▸▸ 賃借人の承諾が不要である理由

　本判決は，土地の賃貸人たる地位の移転に賃借人の承諾を必要としない理由として，次の2点を挙げている。

　① 土地賃貸人の義務は，誰であっても履行方法が異ならない。つまり，土地賃貸人の中心的な義務は賃借人に賃貸土地を使用収益させる義務だが，これはその土地の所有者であれば誰でも同じように果たせるものであり，賃借人としては賃貸人が誰であるかを気にする必要はないということである。

　② 土地所有権の移転があったときには，新所有者に賃貸人の義務が承継されるとするのが賃借人にとっても有利である。賃貸人たる地位を新所有者が引き継いでくれれば，賃借人は引き続きその土地を使用収益することができるのであり，賃貸人たる地位の移転に賃借人が反対する理由はない。

2 ▸▸ 「賃貸人たる地位の移転」に関する特則

上記の①②を根拠とする本判決は，学説からも広く支持を集め，確立した判例となった。そこで債権法改正では，不動産の賃貸人たる地位の移転についての特別ルールとして，「不動産の譲渡人が賃貸人であるときは，その賃貸人たる地位は，賃借人の承諾を要しないで，譲渡人と譲受人との合意により，譲受人に移転させることができる」とする規定（605条の3）を新たに設けている。

Ⅲ．借地権の対抗力との関係

それでは，本件の事実関係とは異なって，甲がYからAに売却されるよりも前に，Xが建物を建てて登記も済ませていたらどうなっただろうか。

建物所有目的の土地の賃借権は「借地権」の一種とされ，借地借家法という法律が適用される。そして，同法10条1項は，「借地権は，……土地の上に借地権者が登記されている建物を所有するときは，これをもって第三者に対抗することができる」と規定している。賃貸借の目的物を賃貸人が売却した場合には，「売買は賃貸借を破る」とされ，賃借人は新所有者に賃貸借を対抗することができず，目的物を返還しなければならないのが原則である。しかし，借地借家法はこの原則を修正し，新所有者に対しても賃借人が賃貸借を対抗できるようにして，土地賃借人の保護を図っているのである。[*2]

そうすると，かりにXが建物の登記を済ませていたならば，Xは甲の新所有者Aにも借地権を対抗できるので，Aには「Xとの賃貸借関係を承継しない」という選択肢はないはずである。そこでこの場合には，甲の賃貸人たる地位は，YA間の合意すら要せず当然にAに移転するとされている（605条の2第1項）。なお，ここでもⅡの場合と同様に，Xの承諾は必要とされない。

Ⅳ．賃貸人たる地位の移転の効果

賃貸人たる地位の移転により，以後は新所有者が賃貸人の権利を有するとともに義務も負う。本件に即していうと，Aは甲の購入時以降の賃料をXに請求できる一方[*3]で，Xに甲を使用収益させなければならず，甲の不具合を修繕する義務なども負う（606条1項）。

これに対し，もとの賃貸人であった旧所有者は，賃貸人たる地位の移転により賃貸借契約関係から離脱する。本件でも，Yは賃貸人としての義務をXに対して負わなくなるので，Yの債務不履行を理由としてXが損害賠償を請求することはできない。

これに加えて判例は，賃貸人たる地位の移転に伴い，賃借人が旧所有者に差し入れていた敷金が新所有者に承継されるとしている（判例25-A：最判昭和44・7・17民集23巻8号1610頁）。これはつまり，賃借人は，賃貸借契約が終了して賃貸不動産から退去した後に，敷金の返還を新所有者に対して求めることができるということである。現行法はこのルールも明文化している（605条の2第4項，605条の3）。

*2 │
民法605条は，不動産の賃貸借は登記をすれば第三者に対抗できると規定しているが，賃貸人にはこの登記手続に応じる義務はないとされているため，現実には賃貸借の登記はほとんどされていない。これに対して借地借家法10条が要求しているのは建物の登記であり，これは建物所有者である土地の賃借人が単独で行えるので，賃貸借の対抗力を容易に備えることができるのである。なお，建物の賃貸借に関しても，借地借家法31条が特別なルールを設けている。

*3 │
ただし，新所有者が賃借人に賃料を請求するためには，賃貸不動産について所有権移転登記を備えていなければならない（最判昭和49・3・19民集28巻2号325頁〔百選Ⅱ-52〕など）。また，賃貸人たる地位の移転よりも前にすでに発生していた賃料債権については，原則として新所有者には移転しないと考えられている。

判例 25-A
賃貸建物の所有権移転によって賃貸人たる地位も移転した場合，旧賃貸人に差し入れられていた敷金は，旧賃貸人に対する未払賃料があればこれに充当されたうえで，残額についての権利義務関係が新賃貸人に承継されるとした。

契約上の地位の移転に関する諸問題

Chapter V-3 では契約の地位の移転について学んだ。債権法改正前は契約上の地位の移転に関する規定は民法になかったが，改正により539条の2が設けられた。とはいえ，具体的なルールについては依然として不明確なところが多く，改正前の判例が引き続き参照されることになる。以下では，契約上の地位の移転に関するいくつかの重要判例を紹介する。

1. 契約上の地位の移転がされたか否かの解釈

具体的な事例では，契約上の地位の移転が行われたかどうかが常に明確であるわけではなく，この点が争われることもある。次にみる判例の事案もそうである。

消費者金融業を営むA社は，Y社との間で，消費者ローン事業にかかる資産を一括してYに売却するという営業譲渡（商法旧245条1項1号。現行の会社法467条では「事業譲渡」とよばれる）を行った。Aから消費者ローンを借り入れていたXは，この営業譲渡により，AがXに対して負っていた過払金返還債務（[判例 **29**]＊1 [p.121] 参照）もYに承継されたと主張して，Yに対してその返還を求めた。最判平成23・3・22判時2118号34頁は，営業譲渡がされた場合でも，何が譲渡の対象であるかは合意の内容次第であり，XとAとの間の金銭消費貸借取引に係る契約上の地位がYに当然に移転すると解することはできないとして，Xの主張をしりぞけた。本件でAからYへの契約上の地位の移転が認められれば，AがXに対して負っていた債務をYが承継すると解する余地があったが，最高裁はこれを認めなかったことになる。

本件のような営業譲渡は，経営が悪化した消費者金融会社を再編するためによく行われた時期があった。営業譲渡をした消費者金融会社は，その後に清算されてしまうことも多かった。学説においては，この判例によるとXは清算される運命のAにしか過払金返還請求をすることができず，Xの保護に欠けるとして，判例に反対する見解も有力である。

2. 契約上の地位の移転の対抗要件

契約上の地位の移転を第三者に主張するために何らかの対抗要件を備える必要があるか。この点が争われたのが次の判例である。

預託金会員制ゴルフクラブの会員権は，①ゴルフ場施設の優先利用権，②預託金返還請求権，③会費納入義務などの債権債務関係を含む契約上の地位と解される。Aは，このような性質をもつゴルフクラブ会員権を，XとYに二重譲渡した。Yは，このゴルフクラブを経営するBの承認を得て，会員名義の書換えを受けた。他方，AからXへの譲渡は，Bに対し，確定日付のある証書（内容証明郵便）によって通知された。最判平成8・7・12民集50巻7号1918頁は，会員権の譲渡をB以外の第三者に対抗するには，債権譲渡の場合に準じ，確定日付のある証書による通知・承諾（467条2項参照）をすることが必要であるとして，Xを勝訴させた。

債権法改正では，契約上の地位の移転について対抗要件の規定を設けることが検討されたが，移転される契約の類型によって考慮すべき要素が異なることから，結局は条文が設けられることはなかった。したがって，改正後も，契約の種類ごとに対抗要件の要否・内容を個別に検討することが求められる。

3. 賃貸人たる地位の留保の可否

不動産の賃借権が対抗要件を備えている場合において，その不動産が譲渡されたときは，その不動産の賃貸人たる地位は当然に譲受人に移転するとされている（605条の2第1項→[判例 **25**] [解説] Ⅲ [p.105] 参照）。しかし，不動産小口化商品とよばれる金融商品のしくみでは，賃貸人たる地位はそのまま譲渡人のもとに残しておきたいというニーズがある。そこで，賃貸不動産の譲渡人と譲受人との間の合意によって，賃貸人の地位を譲渡人に留保することができるかが問題となる。

最判平成11・3・25判時1674号61頁は，このような合意があっても，直ちにその効力を認めることはできないとした。この合意の効力を認めるとすると，不動産の所有権を取得した譲受人が譲渡人にその不動産を賃貸し，譲渡人がそれをさらに賃借人に賃貸するのと近い形になるが，そうすると賃借人は自分の関与しないところで転借人と同様の立場に立たされることになる。ここで，譲渡人が譲受人との間の賃貸借契約を解除されたりすると，賃借人もその不動産の占有権原を失うなど，不測の損害を被るおそれがあるというのである。

債権法改正では，最高裁が示したこの懸念に配慮したうえで，賃貸人の地位の留保を可能とする規定が新設されている（605条の2第2項）。

Chapter

VI

本章で学ぶこと

1. 弁済
2. 相殺

債権の消滅

　契約や不法行為などによって発生した債権は，やがて消滅していく。本書の最後に学習するのは，債権のライフサイクルの最終段階である，債権の消滅についてである。

　債権とは，ある者（債権者）が別のある者（債務者）に対して一定の行為（給付）を求めることができる権利である。ここで債務者が債権者の求めに応じて給付をすれば，債権者の権利は実現されたことになる。そこで，この場合には債権はその役目を果たして消滅するとされている。これが弁済による債権の消滅である（Ⅵ-1）。民法には，弁済の当事者（弁済する者と弁済を受領する者）に関するルールや，弁済によって生じる特殊な効果に関するルールなどが設けられている。

　もっとも，債権は常に弁済によって消滅するとは限らない。たとえば，債権は時効によって消滅することもあるし，債権者が債務を免除してあげた場合や，相続などによって債権者と債務者が同一人になった場合にも債権は消滅する。民法は弁済以外にも債権の消滅原因をいくつか規定しているが，そのなかでとりわけ重要なのは，相殺である。これは，2人が互いに同種の債権をもち合っている場合に，一方の意思表示によって，お互いに債務を履行し合うことなく相対立する債権をともに消滅させることであり，金融実務などで多く用いられている（Ⅵ-2）。

Introduction

弁済

お金は借りたら返さなければならない。家を建てる契約を結んだ大工は，約束どおり家を建てて注文者に引き渡さなければならない。不注意で交通事故を起こしたドライバーは，怪我をさせた被害者に損害賠償を払わなければならない。ここで，借主がお金を返すこと，大工が家を建てて引き渡すこと，ドライバーが損害賠償を払うことは，法律の世界ではぜんぶ「弁済」にあたるんだって。「弁済すれば債権が消滅する」というのは当然のことで，何も難しいことはないと思うけど，民法には弁済の条文がたくさんあるね。

1. 弁済とは

弁済とは，通常は債務者が，債務の内容である給付行為をすることをいう。債務者が債権者に対して債務の弁済をしたときは，その債権は消滅する（473条）。日常会話では「弁済」という語は金銭債権について用いられることが多いが，民法でいう「弁済」はこれよりも広い概念であり，たとえば上の例のように，大工が家を建てて注文者に引き渡すことなども「弁済」に含まれうる。つまり，「弁済」とは，債務の「履行」を別の観点（「債権が消滅する」という効果の観点）からみたものだといってよいだろう。

民法には，473条にはじまって504条に至るまで，約30か条にわたって弁済に関する様々なルールが定められている。本書ではこのうち，特に重要なものとして，「受領権者としての外観を有する者（表見受領権者）に対する弁済」と「弁済による代位」を取り上げてみよう。

2. 表見受領権者に対する弁済

弁済は，これを受領する権限をもつ者に対してしなければ，債権を消滅させる効果を生じないのが原則である。だから，債権者以外の者に誤って弁済したとしても債権はそのまま残り続けるので，債務者は債権者から求められればもう一度弁済をし直さなければならない。もちろん，最初の弁済を受領した者にはその権限がなかったのだから，債務者はこの者に対して不当利得を返還せよと請求することはできる（703条，704条）。とはいえ実際には，弁済を受領した無権限者はどこの誰だかわからないこともあるし，かりにそれがわかる場合であっても行方不明だったり無資力だったりして，

*1
債務者以外の第三者が債務者に代わって弁済を行うこともある。これを第三者弁済といい，それが有効とされるための要件が474条に定められている。

*2
このうち「弁済の提供」については，受領遅滞と合わせて Chapter II-3 で学習した。

*3
弁済を受領しうるのは通常は債権者だが，債権者の代理人や，法律の規定により受領権限を与えられた者（破産管財人や差押債権者など）もまた，有効に弁済を受領することができる。

不当利得返還請求権が「絵に描いた餅」にすぎない場合も多い。

　しかし，請求してきた者に受領権限があると信じるのも無理はないような場合にまでこの原則を貫くと，債務者は十分な確認を行ってからでないと安心して弁済できないことになる。これだと債務者は，確認に手間取ってしまって履行遅滞の責任を問われかねないし，弁済の事務が滞って取引社会全体にも悪影響が及んでしまう。そこで民法は，債務者が善意無過失であれば，「受領権者……以外の者であって取引上の社会通念に照らして受領権者としての外観を有するもの」に対してした弁済も有効であるとした（478条）。つまり，債権者らしい外観を信じて弁済をした債務者は，そう信じたことに過失がない限り，債権が弁済によって消滅したことを真の債権者に対しても主張できるのである。[*4]

　この制度は，判例によってその適用場面が広げられてきたことが特徴的である。その代表的なものとして，債権者の代理人であると偽った者に対してした弁済に478条の適用を認めた〔判例26〕がある。また，この制度は特に銀行取引などで問題となることが多く，〔判例27〕もその一例である。

3．弁済による代位

　弁済は，保証人など債務者以外の者が行うこともあり，これによっても債権は消滅する。そうすると，それに伴い，この債権を担保していた抵当権なども付従性によって消滅するはずである。[*5] しかしこれだと，弁済者が債務者に対して取得する求償権が[*6]無担保になり，弁済者の保護に欠けてしまう（債務者は自分では弁済することができなかったような人だから，担保がなければ弁済者が求償権を行使しても回収できる見込みは低い）。そこで民法は，このような弁済者が，求償権の範囲内で，債権の効力および担保として債権者が有していた一切の権利を行使することができるとした（499条，501条）。これを「弁済による代位」とよぶ。

　弁済者は，債権者が有していた担保権を行使できるようになるおかげで，求償権の満足を得られる可能性が高くなる。債権者も，すでに債権の弁済を受けたのだからもう担保権を行使する必要はないし，この制度があれば代わりに弁済してくれる人が現れやすくなって好都合でもある。債務者も，担保権を行使する者が債権者から弁済者に代わるだけで不利益はないし，自分に代わって弁済してくれる人が現れやすくなるのは債務者にとっても助かる。このように，弁済による代位は，すべての当事者にとって利益となる制度なのである。

　とはいえ，本当は消滅するはずの債権者の権利を弁済者が行使できるというのは，法的にはいったいどういうことなのだろうか。また，債権を担保するために抵当権や保証が多数設定されている場合には，担保を供与した者（保証人・物上保証人）相互の関係も複雑になってくる。〔判例28〕は，これらの問題について最高裁が判断を示した重要な判例である。

*4｜
その結果，今度は債権者が，弁済を受領した者に対して不当利得返還請求権を行使することになる。

*5｜
抵当権などの担保権は，これによって担保される債権（被担保債権）が消滅すると，その目的を果たして自動的に消滅する。これを担保権の（消滅における）付従性という。

*6｜
弁済を行った者は，本来は債務者がすべき弁済を肩代わりしてあげたことになるので，債務者に対してその分を求償することができる（459条など参照）。

代金債権
→消滅？

Xの代理人と
信じて弁済

（国）

事案をみてみよう

本件は，終戦の記憶も新しかったであろう昭和26年に起こった事件である。X社は特殊鋼工具類の製造販売業者で，当時日本に進駐していた連合軍に物資を納入した。Xがこの代金の支払を受けるためには，次のような手続をふむ必要があった。①まず連合軍が発行する納品完了書類を添えて，国（Y）の特別調達局（特調）という部局に支払請求書を提出する。②これを受け付けた特調は，受理書をその控えとともに作成する。受理書はXに交付され，控えは特調で保管される。③やがて特調から支払の公示が行われると，受理書に指定されたXの従業員が特調の窓口に行き，交付を受けていた受理書とX名義の領収書を提出して代金の支払を受ける。

ところが，Xの従業員Aが上記③の手続どおりに支払を請求したところ，その1時間前にXの従業員Bと名乗る者が特調の窓口に現れ，X名義の領収書と受理書を提出したので，特調の職員はこのBに支払をしてしまっていた。なお，XにはBという名前の従業員はいなかったが，特調に保管されていた受理書控えは，Bを受取人と指定する内容のものにすりかわっていた。[*1]

Yが代金は支払済みであるとしてXの請求を拒絶したので，Xは支払を求めてYを訴えた。

読み解きポイント

なにやら推理小説のような事件であるが，本件で法的に争いになったのは，Bと称する者への支払によってYが免責されるか（改めてXに支払をする必要がなくなるか）であった。現行法の478条は，「受領権者としての外観を有するもの」に対して善意・無過失でされた弁済を有効としているが，本件当時の同条はこれを「債権の準占有者」への弁済と規定しており[*2]，この「債権の準占有者」とは，「債権者らしい外観を有する者」のことを指すと一般的に考えられていた[*3]。そこで，本件のBのように，「代理人らしい外観を有する者」に誤って弁済した場合にも同条の適用がありうるかが問題となったのである。

判決文を読んでみよう

「債権者の代理人と称して債権を行使する者も民法478条にいわゆる債権の準占有者に該る」。ただし本件では，受理書およびその控えの偽造・すりかえが行われてい

たところ，最高裁は，かりにこれが特調内部の者のしわざではなかったとしても，部外者がこれに成功したのは特調の書類管理が不十分だったからだとして，結論としてはＹの過失を理由に478条の適用を認めなかった。これにより，Ｙの弁済は有効とされず，Ｘは改めてＹに弁済を求めうることになる。

⇩ **この判決が示したこと** ⇩

本判決は，債権者らしい外観を有する者のみならず，債権者の代理人と偽った者に誤って弁済した場合にも，478条の適用がありうることを明らかにした。もっとも，本判決は，このように解すべき理由をまったく示していない。

 解説

Ⅰ. 詐称代理人と478条

1 ▸▸ 表見代理の守備範囲？

　本当は債権者でない者が，債権者であると偽って弁済を受けた場合，478条の適用がありうる。では，この者が，本当は代理権を与えられていないのに「自分は債権者の代理人である」と名乗って弁済を受けた場合にも，478条は適用されるのか。

　この場合，代理人としてふるまったのだから，民法総則で学習する代理のルールに従って処理するのが自然であるようにも思われる。つまり，代理人であると偽った者（詐称代理人という）は無権代理人なのだから，この者が行った弁済受領の効果は債権者には帰属しない（弁済は無効となる）のが原則であり，ただ表見代理（109条，110条，112条）の要件を満たす場合に限って，例外的に債務者は弁済の効力を債権者に主張できるにすぎない，ということになりそうである。実際，戦前の判例には，詐称代理人への弁済に478条は適用されないと明示したものもあった（判例**26-A**：大判昭和10・8・8民集14巻1541頁）。

2 ▸▸ 表見代理規定と478条との違い ── 債権者の帰責事由の要否

　もっとも，表見代理規定と478条の要件・効果が同じであれば，詐称代理人のケースをどちらの規定で処理しても結局はかわらないはずである。しかし実際には，両者は要件に大きな違いがあり，これが結論にも影響を及ぼす可能性が高いのである。

　表見代理の規定では，それぞれ，代理権の授与表示を行ったこと（109条），基本代理権を与えたこと（110条），代理権の消滅を相手方に知らせなかったこと（112条）が要件となっている。つまり，相手方が表見代理によって保護されるためには，本人の側にも一定の帰責事由があることが必要とされているのである。そうすると，本件のようにＸに落ち度がなかったと思われるケースでは，表見代理によってＹが保護される余地はない。

　これに対して，478条は，他人に債権を行使されてしまったことについて債権者に帰責事由があったことを要求していない。だから，債務者は善意・無過失でありさえすれば，債権者に落ち度がなくても478条の保護を受けられるのである。

判例 26-A

（債権法改正前の）478条にいう「債権の準占有者」とは，自己のために債権を行使する者，つまり自ら債権者であると称して債権を行使する者を意味し，債権者の代理人として本人のため債権を行使する者を含まないとした。

3 ▸▸ 本判決の立場

債権者でない者が「債権者本人である」と名乗るのも，「債権者の代理人である」と名乗るのも，受領権限があるかのようにみせかけるという点では同じであり，両者の区別が微妙な場合もある。それなのに，このどちらであるかによって，弁済が有効となるための要件が大きく異なってくるのもおかしいように思われる。

本判決の原審は，「同条が債権の準占有者に対する善意の弁済を有効とした趣旨は，真実の債権者でない者でも，取引の通念上債権を行使する権限があると認めるに足りる外観を備える者に対してなされた善意の弁済を有効として，弁済者を保護し，取引の安全と円滑を期したものに外ならないから，この場合，債権者本人として債権を行使する者に対する弁済と，債権者の代理人として債権を行使する者に対する弁済とによって，弁済者の保護を異にすべき理由がない」として，本件でも478条の適用を認めた。最高裁も，Yの過失の有無については原審と異なる立場を採ったものの，詐称代理人への弁済にも478条の適用があることを肯定したのである。

Ⅱ． 478条が債権者の帰責事由を求めない理由

では，なぜ478条は債権者の帰責事由を要求しないのだろうか。その正当化理由としてよく指摘されるのは，弁済は債務者にとっての義務であり，弁済しないと債務不履行責任を負わされるのだから，弁済者はより緩やかな要件で保護してあげるべきだという考慮である。[4] また，弁済が滞るのは取引社会にとっても好ましくないから，その意味でも弁済者を保護して弁済を促すほうがよいともいわれる。

これに対して学説のなかには，表見代理などと同じように，478条でも債権者の帰責事由を要件とすべきだと主張するものもある。また，債務者の過失の有無を判断するにあたって債権者側の帰責事由を考慮に入れる（債権者に帰責事由がない場合には債務者の無過失を容易に認めず，逆に債権者に帰責事由がある場合には債務者の無過失を広く認める）ことを主張する見解もある。

Ⅲ．「債権の準占有者」から「受領権者としての外観を有する者」へ

478条はもともと，「誰の目からも債権者であるようにみえる者」に対して弁済した場合を想定した規定だったといわれている。しかし，本判決をはじめとする判例は，478条の適用範囲を大幅に広げ，債務者が弁済の相手方を間違ったにすぎない場合にも同条の適用を認めるようになった。[5]

そして，債権法改正では，「債権の準占有者」が「取引上の社会通念に照らして受領権者としての外観を有する〔者〕」（表見受領権者）に改められた。この現行法のもとでは，本件のような詐称代理人も「受領権者としての外観を有する者」のなかに含まれるだろう。本判決は，このような改正に至るまでの判例の流れをかたちづくったという意味でも重要である。

*4|
これに対し，これから新たに取引をはじめようという場面では，代理人と名乗る者が本当に代理権をもっているのかについて，本人に問い合わせるなどして慎重に確認することを相手方に求めても，それほど酷とはいえないはずである。

*5|
478条に関する他の判例については，〔もう一歩先へ〕（p. 119）を参照してほしい。

27 | 盗難通帳による ATM からの払戻し

最高裁平成15年4月8日判決（民集57巻4号337頁）　　　　　　　　　▶百選Ⅱ-28

事案をみてみよう

　Xは，Y銀行で預金口座を開設する際，暗証番号を自分の自動車のナンバープレートと同じ数字にして届け出た。YのATMは，他の多くの銀行とは異なり，キャッシュカードによる払戻しだけでなく，通帳を挿入して暗証番号を入力することによっても預金の払戻しができるようになっていた（通帳機械払）。しかし，この払戻し方法に関する定めはYの預金規定[*1]にはなく，Xは通帳機械払によって払戻しを受けられることを知らなかった。

　平成11年11月22日の夜から翌23日の朝までの間に，Xは，駐車中の自動車に入れていた通帳を車ごと盗まれたが，通帳の盗難に気づいたのは23日の夜だった。Xは，24日の午前9時頃にYに通帳の喪失を届け出ようとしたが，来客に応じたりしているうちに遅くなり，結局Yに喪失届が出されたのは午前11時頃だった。しかしそれは，その日の午前9時頃から10時頃にかけて，すでに何者かがYのATMで通帳機械払によって約800万円の払戻しを受けた後だった。

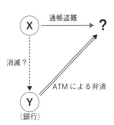

*1│

「預金規定」とは，銀行と預金者との間の契約内容を記したものであり，預金口座を開設する際に銀行から交付されるのが通常である（池田真朗編著『民法Visual Materials〔第3版〕』〔有斐閣，2021年〕122頁に一例が掲載されている）。

☑ 読み解きポイント

　YがATMを通じて行った払戻しは，結局のところ真の預金者Xではない者に対して行われたのだから，弁済としての効力を生じないのが原則である。ただし，ここでYは478条の適用を主張したため，これが認められれば弁済は有効となってXの預金債権は消滅してしまう可能性がある。しかし，478条は弁済者の善意・無過失を要求しているところ，ATMによる払戻しの場合には，本物のカード・通帳が使用され，正しい暗証番号が入力されれば，あとは銀行職員の行為を介さず自動的に処理が行われるのであって，弁済者の善意・悪意や過失の有無を考えにくい。（1）そもそも，ATMによる払戻しにも478条の適用があるのだろうか。（2）また，もし適用があるとすれば，銀行の過失の有無はどのように判断されるのだろうか。

判決文を読んでみよう

　「(1)無権限者のした機械払の方法による預金の払戻しについても，民法478条の適用があるものと解すべきであり，これが非対面のものであることをもって同条の適用を否定すべきではない。」「(2)債権の準占有者[*2]に対する機械払の方法による預金の払戻しにつき銀行が無過失であるというためには，払戻しの際に機械が正しく作動したこ

*2│

「債権の準占有者」という表現については，〔判例26〕の〔読み解きポイント〕〔p. 110〕および〔解説〕〔p. 112〕を参照。

とだけでなく，銀行において，預金者による暗証番号等の管理に遺漏がないようにさせるため当該機械払の方法により預金の払戻しが受けられる旨を預金者に明示すること等を含め，機械払システムの設置管理の全体について，可能な限度で無権限者による払戻しを排除し得るよう注意義務を尽くしていたことを要するというべきである。」

　本件でYは，通帳機械払により払戻しが受けられる旨を預金規定に定めて預金者に明示し，通帳の管理を十分に行わせる必要があったのに，それを怠っていた。そこで，Yはこの点に過失があるとされて478条の適用を受けられず，Xは何者かに引き出されてしまった約800万円をYに払い戻してもらえることになったのである。

⇩　**この判決が示したこと**　⇩

　本判決は，まず，(1)ATMによる払戻しにも478条の適用があることを明らかにした。次に本判決は，(2)弁済者（銀行）の過失の有無がどのように判断されるかについての基準を示し，機械払システムの設置管理の全体について，無権限者による払戻しを極力排除しうるよう注意義務を尽くしている必要があるとした。

☞ 解説

I．機械払に478条が適用されるか？

　478条が制定された明治時代には，ATMを用いた預金の払戻しなどはまったく想定されていなかっただろう。同条が弁済者の善意・無過失を要求しているのも，対面の取引において債務者が，弁済を求める者の身ぶりやことばを観察して弁済受領権限があるかどうかを判断し，必要であれば確認の措置をとることを前提としているとも考えられる。

　本判決の前には，銀行が定めた預金規定のなかに，キャッシュカードと暗証番号を確認して機械払をした場合には銀行は責任を負わないとする特約があったケースで，この特約を根拠に銀行の免責を認めた判例があったにすぎなかった（判例**27-A**：最判平成5・7・19判時1489号111頁）。本件では預金規定にこのような特約がなかったため，機械払に478条の適用があるかが正面から問われたわけであるが，本判決は最高裁としてはじめてこれを肯定した。

　もっとも，本判決は結論しか述べておらず，そのように解すべき理由は示されていない。しかし，本判決の原審は，機械による自動化がすすんだ現代社会では，弁済者を一定の要件のもとで保護して取引安全を図るという要請は対面取引の場合にのみはたらくものではないとしており，最高裁もこれと同じ理解に立っていると考えてよいだろう。

II．銀行の過失の有無をどう判断するか？

　機械払の場合にも478条の適用を認めるとして，次に問題となるのは，銀行の過失の有無をどのような基準で判定するかである。というのも，〔読み解きポイント〕でも触れたとおり，機械自体についてはその善意・悪意や過失の有無など問題になら

判例 27-A
「銀行の設置した現金自動支払機を利用して預金者以外の者が預金の払戻しを受けたとしても，銀行が預金者に交付していた真正なキャッシュカードが使用され，正しい暗証番号が入力されていた場合には，銀行による暗証番号の管理が不十分であったなど特段の事情がない限り，銀行は，現金自動支払機によりキャッシュカードと暗証番号を確認して預金の払戻しをした場合には責任を負わない旨の免責約款により免責されるものと解するのが相当である。」

ないはずだからである。

　この点について本判決は，払戻しを求める者に権限があるかどうかの判定が銀行の組み立てたシステムによって機械的・形式的に行われるという点に着目し，このシステム全体が，無権限者による払戻しを極力排除しうるよう安全に構築・運営されているかどうかを過失判断の基準とした。これは，弁済方法の態様に応じて，過失の有無を判断するための考慮要素を広く解するものである。

　とはいえ，銀行のATMは4桁の暗証番号を使用しているから，当てずっぽうで番号を入力したらたまたま当たるという確率は1万分の1にすぎない。そうだとすると，他人が暗証番号を簡単に知ることができてしまうといった問題でもない限り，システムの安全性は十分に保たれていると評価することもできそうである。[*3] 実際，本判決の原審も，最高裁と同様にシステム全体の安全性を問う判断枠組みを使いつつ，Yは無過失だったと結論づけていた。しかし本判決は，単に払戻しの時点で通帳と暗証番号の確認が正しく行われたというだけで足りるとはせず，通帳機械払ができることを預金者に明示しているかなど，ATM取引の運営全体を評価の対象としたうえで，Yの過失を認めたのである。

　本件では，通帳でもATMで払戻しが受けられることをXが知らされていたならば，24日の朝，来客に応じるのは後回しにしてすぐにYに喪失届を出していたはずだとも考えられ，かりにそうしていれば，無権限の払戻しの一部は防げた可能性がある。さらにいうと，Xは，車ごと通帳を盗まれればカーナンバーを暗証番号として入力されてしまうリスクも認識できただろうから，暗証番号を別のものに変えるか，あるいはそもそも通帳を車の中に置かないといった対策もとれたはずである。このような本件の事実関係をふまえれば，Yに過失ありとした本判決の判断は妥当だったといえるだろう。

Ⅲ．偽造・盗難カード預貯金者保護法

　本判決の後，偽造・盗難カード預貯金者保護法が平成18（2006）年に施行されている。この法律によれば，偽造カード・通帳を用いて機械払により預金が払い戻された場合には，民法478条の適用が排除され，預貯金者に重過失があるなどの要件を満たす場合にしか弁済は有効とならない。これに対し，盗難カード・通帳が用いられた場合は民法478条の適用は排除されないものの，一定の要件を満たせば，預貯金者が無過失の場合には全額，軽過失がある場合にも4分の3の補塡を金融機関から受けられる。[*4] 同法は，金融機関が一部または全部の免責を受けられるための要件として無過失を要求しているが，これは本判決の示した基準によって判断されることになるだろう。

*3｜
実は，**判例27-A**の事案では，盗まれたキャッシュカードの磁気ストライプ上に暗証番号がコード化されて記録されており，市販のカードリーダーを使えば暗証番号が読み取れるようになっていた。最高裁は，「暗証番号を解読するためにはコンピューターに関する相応の知識と技術が必要である」として，システムの安全性は否定されないと判示したが，これについては学説からの批判もあった（なお，現在では，カードそのものに暗証番号を記録するシステムを使っている金融機関はない）。

*4｜
同法は，カードや通帳を用いた借入れにも適用される（カードローンなど）。

🔍 事案をみてみよう

　A信用金庫がB社に融資をするにあたって，Bの代表取締役Cは，自己が所有する甲不動産に根抵当権を設定した。また，X（信用保証協会）[*1]は，Bの委託を受け，BのAに対する債務を保証した。その際にXは，①Xが代位弁済した（＝Bに代わってAに弁済した）場合には，XのBに対する求償権の遅延損害金の利率を年18.25%とする特約をBとの間で結ぶとともに，②その場合の代位割合に関して，XがCの設定した根抵当権の全部についてAに代位できる旨の特約をCとの間で結んだ。

　その後，BはAに借入金を弁済することができなくなったので，XはAに代位弁済した。続いて行われた甲の競売手続で裁判所は，501条3項4号（当時は同条ただし書5号）に基づき，Xの弁済による代位を2分の1の割合でのみ認め，商事法定利率（年6%）[*2]による遅延損害金を加えた債権額をもとに配当表を作成した。これに対しXは，上記①②の特約に基づいて，CがAに対して設定した根抵当権の全部についてXは代位できること，遅延損害金は約定の年18.25%で計算されるべきことを主張し，これを争う甲の後順位抵当権者Yを相手どって訴訟を起こした。

☑ 読み解きポイント

　501条3項4号は，保証人と物上保証人との間では，その数に応じて債権者に代位することを規定している。本件では保証人Xと物上保証人Cの2人なので，XとCの負担部分は各2分の1ずつとなり，Xは代位によって取得した原債権の2分の1の限度でのみ甲不動産の根抵当権を行使できるはずである。ところが，XはCとの間であらかじめ②の特約を結んでおり，この効力が認められればXの負担部分はゼロ，Cの負担部分が100%となって，Xは原債権の全額について根抵当権を行使できることになる。もしそうなるとすると，後順位抵当権者Yへの配当はその分減ってしまうだろう。

　また，①の特約は，求償権の遅延損害金について法定利率を超える利率を合意したものであるが，これが認められることによっても，Xへの配当が増えてそのぶんYへの配当が減ってしまうように思われる。そこで，これら①②の特約の効力をYに対しても主張することができるかが争われたのである。

📖 判決文を読んでみよう

　「弁済による代位の制度は，代位弁済者が債務者に対して取得する求償権を確保す

るために，法の規定により弁済によって消滅すべきはずの債権者の債務者に対する債権（以下「原債権」という。）及びその担保権を代位弁済者に移転させ，代位弁済者がその求償権の範囲内で原債権及びその担保権を行使することを認める制度であり，したがって，代位弁済者が弁済による代位によって取得した担保権を実行する場合において，その被担保債権として扱うべきものは，原債権であって，保証人の債務者に対する求償権でない」。

〔特約①について〕「保証人と債務者が約定利率による遅延損害金を支払う旨の特約によって求償権の総額を増大させても，保証人が代位によって行使できる根抵当権の範囲は右の極度額及び原債権の残存額によって限定されるのであり，……右の特約は，担保不動産の物的負担を増大させることにはならず，物上保証人に対しても，後順位の抵当権者その他の利害関係人に対しても，なんら不当な影響を及ぼすものではない」。

〔特約②について〕「物上保証人……及保証人間に本件のように保証人が全部代位できる旨の特約がある場合には，保証人が代位弁済したときに，保証人が〔501条3項4号〕所定の割合と異なり債権者の有していた根抵当権の全部を行使することになり，後順位抵当権者……は右のような特約がない場合に比較して不利益な立場におかれることになるが，……特約がある場合であっても，保証人が行使しうる根抵当権は……極度額の範囲を超えることはありえないのであって，もともと，後順位の抵当権者……は，債権者が右の根抵当権の被担保債権の全部につき極度額の範囲内で優先弁済を主張した場合には，それを承認せざるをえない立場にあり，右の特約……の効果を甘受せざるをえない」。

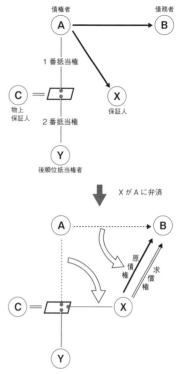

⬇ この判決が示したこと ⬇

　本判決は，弁済による代位のしくみを最高裁としてはじめて示した。これにより，原債権および担保権が，代位弁済者Xとの関係では求償権を確保するという目的の限度で存続し，原債権者AからXへと移転することが明らかにされた。

　また，本判決はこれを前提として，特約①は後順位抵当権者Yに不利益を及ぼさないこと，特約②はたしかにYに不利益を及ぼしうるがYはこれを甘んじて受けなければならないことを判示した。その論理はやや複雑なので，次の〔解説〕でみていくことにしよう。

解説

Ⅰ．弁済による代位のしくみ

　債権者のために弁済をした者は債権者に代位し（499条），この弁済者は，債権の効力および担保としてその債権者が有していた一切の権利を行使することができるとされている（501条1項）。弁済による代位がどのようなしくみによって生じるかについては，大きく分けて2つの考え方があった。

本件の事実関係に即して説明すると、1つめの考え方は、Xの弁済によりA→B債権は消滅し、それを担保していた抵当権のみが、Xが新たに取得するBへの求償権を担保するためのものとして「付け替わる」とするものである（この考え方には「接木説」というネーミングがある[*3]）。

これに対してもう1つの考え方は、Xの弁済によって消滅するはずのA→B債権および抵当権が、Xとの関係では求償権を確保するという目的の限度で存続し、AからXへと移転するというものである（「原債権移転説」ともよばれる）。本判決は、最高裁がこの後者の立場を採用することをはじめて明らかにしたところに意義がある。

II. 弁済による代位と求償権の内容を変更する特約との関係

本件でまず問題になったのは、XとBが求償権の遅延損害金について法定利率を超える利率を合意していた場合に、その効力を後順位抵当権者Yにも主張することができるかであった（特約①）。

弁済による代位のしくみに関して接木説を採用した場合には、この特約はYに不利益を及ぼしうる。この説は、抵当権の被担保債権がA→B債権からX→B求償権へ変更されると考えるのだが、そうすると、特約①により、この被担保債権の額が増加してしまうからである。

これに対し、Iで確認した判例の立場によれば、特約①はYの地位を悪化させることはない。抵当権の被担保債権はあくまで原債権のままであり、求償権の額がいくら増えたとしても、原債権の額を超えた部分は抵当権によって担保されない以上、Yへの配当額は変わらないからである。本判決が原債権移転説を採用したのは、この点も考慮してのことだったかもしれない。

III. 代位割合を変更する特約の効力

これに対して特約②は、〔読み解きポイント〕でもみたように、Yの配当額を減らす方向に作用する。そうすると、それをYに断りもなくXCの間で勝手に決めてよいのか、少なくともこの特約が登記などによってYにも知りうる状態になっていなければならないのではないか、とも思われる。

しかしよく考えてみると、もし当初の債権者Aが、Bに対する債権を回収するために抵当権を実行していたら、Aは原債権の全額について甲の売却代金から優先的に配当を受けることができ、Yはさらに余りがある場合にのみ配当を受けられる地位でしかなかったはずである。それが、たまたまXが代位弁済してくれると、特約②がなければ501条3項4号によってXの取り分が2分の1になり、その分Yへの配当が増えることになるのだが、これはいってみれば「棚ぼた」にすぎない[*4]。このように考えれば、本判決がいうように、特約②の効力をYに及ぼすのも不当とはいえないだろう。

*3｜
「接木」とは、「枝などを切り取って、同種または近縁の他の植物の幹に接ぐこと」をいう（『大辞泉』）。

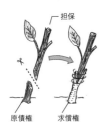

担保
原債権　　求償権

*4｜
他方、XとCとの間では、このような特約をすることにも一定の合理性がある。というのは、Cは債務者Bの代表取締役であり、Bとの「距離」が近いのに対し、XはBのような中小企業が金融機関から融資を受けられるようにしてあげるために、政策的に保証を行っているのである。そうすると、Bが弁済できなくなった際にどちらが最終的な責任を負うべきかといえば、Cが全額を負担するのが筋であろう。

478 条の適用範囲の拡大

［判例 **26**］と［判例 **27**］では，478 条の適用が認められた判例を学習したが，最高裁はこのほかにも多くの場面で同条の（類推）適用を認めてきた。それらの特徴は，金融取引にかかわるもので債務者が金融機関だったケースが多いことである。以下ではそのうちのいくつかをみていこう。

1. 定期預金の期限前解約・払戻し

最近は金利が低いため，定期預金をしたことがないという人もいるだろうが，かつて定期預金は銀行預金の種類のなかでもメジャーなものだった。これは，あらかじめ決められた期限（満期日という）がくるまでは解約・払戻しが制限される代わりに，普通預金よりも高い利子が付くという金融商品である。とはいえ，満期日よりも前にお金が必要になったような場合には，金融機関は普通預金なみの利息しか付けない代わりに解約・払戻しには応じるのが通常である。

問題は，この解約・払戻しを預金者ではない者に対して行った場合に，その払戻しが 478 条によって有効となりうるかである。定期預金の解約は，合意による預金契約の解除であって弁済ではないから，本来であれば 478 条ではなく表見代理によって処理されるべきだとも思われる。しかし，最判昭和 41・10・4 民集 20 巻 8 号 1565 頁は，期限前払戻しの場合における弁済の具体的内容が預金契約の成立時にすでに合意によって確定されていたことを理由に，478 条の適用を認めた。

2. 預金担保貸付への類推適用

次に問題となったのは預金担保貸付である。これは，定期預金を有している預金者が，これを担保として金融機関から融資を受けるというものである。定期預金の満期日までもう少しなのに，どうしてもいまお金が必要になったというような場合には，解約して普通預金なみの利息しか受け取れなくなるよりも，満期日までそのまま預けておきつつこれを担保に借入れをしたほうが預金者にとって得になることがある。金融機関は，預金者が借入れを返済しない場合には，定期預金の満期日に預金と貸付金を相殺して回収を行う。

では，預金者と異なる別人が窓口に現れ，金融機関がこの者に対して誤って預金担保貸付をしてしまった場合には，金融機関はこの貸付金と預金とを相殺することができるだろうか。判例は，この場合の経済的実質が期限前解約・払戻しと同視できることを理由に 478 条の類推適用を肯定し，金融機関による相殺を認めた（最判昭和 48・3・27 民集 27 巻 2 号 376 頁）。また，判例は，金融機関の善意・無過失は相殺時ではなく貸付け時を基準に判断するとしているので（最判昭和 59・2・23 民集 38 巻 3 号 445 頁〔百選 II-27〕），預金者ではない者に貸し付けてしまったことに金融機関が後から気づいた場合であっても，相殺は認められることになる。

3. 保険契約者貸付への類推適用

保険契約者貸付とは，生命保険会社が保険契約者に対し，解約返戻金（解約時に契約者に支払われるお金）の範囲内で行う貸付けであり，保険金の支払時に貸付金が差し引かれることで清算されるというものである。保険契約者の代理人と偽る者に対してこの貸付けがされたという事案につき，最判平成 9・4・24 民集 51 巻 4 号 1991 頁は，保険契約者貸付が「約款上の義務の履行として行われる上，貸付金額が解約返戻金の範囲内に限定され，保険金等の支払の際に元利金が差引計算されることにかんがみれば，その経済的実質において，保険金又は解約返戻金の前払と同視することができる」として，478 条の類推適用を肯定し，保険会社は保険契約者に貸付けの効力を主張できるとした。ここまでくると，弁済の効力に関する規定である 478 条の本来の適用場面とは，かなり隔たりが大きくなっているといえるだろう。

4. カードローンへの類推適用と預貯金者保護法

下級審ではさらに，カードローン用カードを盗んだ何者かによって ATM から現金が引き出された場合に，478 条の類推適用によってカードの名義人に対する貸付けが成立するか否かについて，判断が分かれていた（肯定例として東京高判平成 14・2・13 金法 1663 号 83 頁，否定例として東京地判平成 11・2・26 判タ 1029 号 222 頁など）。しかし，この場合には金融機関にとって債務の弁済の要素はまったくなく，同条を類推適用する基礎を欠くと思われる。なお，この問題は，平成 18（2006）年の偽造・盗難カード預貯金者保護法の施行によって立法的に解決された（p. 115 参照）。

Introduction

2

相殺

「相殺」ということばは日常会話でも使うことがあるよね。たとえば，Aさんが友達の B君に5000円を貸したけど，Aさんも前にB君から借りた3000円を返していない場合に，AさんがB君と相談して「3000円分の貸し借りを相殺しよう」と取り決める，といったように。民法が定める相殺もこれと同じなのかな。

5000円（自働債権）
A ────────→ B
3000円（受働債権）

相殺
↓

自働債権⇒2000円
A ────────→ B
受働債権⇒消滅

相殺とは，2人の者が互いに同種の債権を有し債務を負担する場合に，どちらか一方の意思表示によって，これらの相対立する債権を金額の重なる範囲（対当額という[*1]）でそれぞれ消滅させることである（505条1項）。エンピツくんが挙げた例でAが相殺したとすると，AのBに対する債権（5000円）とBのAに対する債権（3000円）とが3000円ずつ消滅し，AのBに対する債権2000円のみが残ることになる。このとき，相殺する側（A）の債権を自働債権，相殺される側（B）の債権を受働債権とよぶ。

上の例ではAとBの合意があるが，これと異なり，どちらかの一方的な意思表示によって相殺を行うためには，民法が定める要件を備えなければならない。これらの要件を満たして相殺が可能となっている状態のことを相殺適状とよぶ。

相殺の要件は，①当事者間に債権が対立して存在すること，②両債権が同種の目的を有すること，③両債権の弁済期が到来していること，④債務の性質が相殺を許さないものでないことの4つであるが，問題となることが多いのは③である。〔判例29〕を読んでみよう。

相殺には，双方が弁済することの手間・コストを省く機能や，一方が弁済したのに他方が弁済しないという不公平を防ぐ機能もあるが，最も重要なのが担保としての機能である。上の例で，BがAのほかにCやDに対しても債務を負っており，これらすべてを弁済するだけの資力がないとすると，AはBに対する債務を弁済しなければならない一方で，Bに対する債権の弁済を受けられる保障はない。しかし，ここでAが相殺すれば，Aは自分がBに弁済した3000円を元手にBから弁済を受けたのと同じことになり，対当額については確実に債権を回収できるのである。〔判例30〕では，この相殺の担保的機能が実際にどのようにはたらくかをみてみよう。

*1|
「対等額」ではなく「対当額」であることに注意。「対等」は，「双方に優劣や上下がない」という意味だが，ここでの「対当」は「向かい合う」「相当する」といった意味である。

29 相殺の要件
—— 相殺適状と期限の利益の放棄

最高裁平成25年2月28日判決（民集67巻2号343頁）　　　▶百選Ⅱ-31

 事案をみてみよう

　Xは，平成7年4月から平成8年10月までの間，貸金業者Yから貸付けを受けていたが，利息制限法の制限を超える利息を支払っていたため，取引終了の時点では過払金が発生していた（XのYに対する過払金返還請求権を「甲債権」とする）[*1]。他方でYは，平成15年1月，Xに対する貸付債権を新たに取得したが（「乙債権」とする），この債権は平成22年7月に弁済期が到来した。Xは，同年8月，Yに対して，甲債権を自働債権とし，乙債権を受働債権として相殺する旨の意思表示をしたところ，Yは，同年9月，甲債権は時効期間が経過しているとして消滅時効を援用した。

H15.1
Yが乙債権
を取得

H18.10
甲債権の
時効完成

H22.7
乙債権の
弁済期到来

H22.9
甲債権の
時効援用

☑ **読み解きポイント**

　甲債権は，平成18年10月に10年の時効期間が満了しており，この時点で甲債権が時効によってすでに消滅していたとすると，平成22年8月にXが相殺の意思表示をした時点では「当事者間に債権が対立して存在すること」という相殺の要件を満たしていなかったことになる。もっとも，508条は，「時効によって消滅した債権がその消滅以前に相殺に適するようになっていた場合には，その債権者は，相殺をすることができる」と規定している。本件では，受働債権である乙債権の弁済期は甲債権の時効完成に後れて平成22年7月に到来しているが，Xは甲債権の時効完成前から乙債権の期限の利益を放棄して相殺をすることができたはずである。そうすると，甲債権の時効消滅以前に両債権はすでに相殺適状にあったとも考えられ，508条の適用が受けられるようにも思われるが，果たしてそうだろうか。

[*1]

利息制限法1条は，所定の利率（元本の額に応じて15％～20％）を超える利息を取る契約をした場合，その超過部分を無効としている。制限を超える利息が支払われたとしても，債権者が超過部分を受領する法律上の原因はないので，債務者は不当利得に基づいてこれを返還するよう求めることができる（703条）。これがいわゆる「過払金返還請求」である。

 判決文を読んでみよう

　「民法505条1項は，相殺適状につき，『双方の債務が弁済期にあるとき』と規定しているのであるから，その文理に照らせば，自働債権のみならず受働債権についても，弁済期が現実に到来していることが相殺の要件とされていると解される。また，受働債権の債務者がいつでも期限の利益を放棄することができることを理由に両債権が相殺適状にあると解することは，上記債務者が既に享受した期限の利益を自ら遡及的に消滅させることとなって，相当でない。したがって，既に弁済期にある自働債権と弁済期の定めのある受働債権とが相殺適状にあるというためには，受働債権につき，期限の利益を放棄することができるというだけではなく，期限の利益の放棄又は喪失等により，その弁済期が現実に到来していることを要するというべきである。」

121

　本判決は，相殺適状にあるといえるためには自働債権の弁済期が到来しているだけでは足りず，受働債権の弁済期も現実に到来している必要があることを明らかにした。これによると，本件では平成22年7月にようやく乙債権の弁済期が到来しているが，これは甲債権の時効完成時（平成18年10月）に後れるため，508条は適用されない。したがって，Xがした相殺は効力を生じないとされたのである。

☞ 解説

Ⅰ. 受働債権の弁済期の到来

1 ▶▶ 相殺の要件ではない？

　一般に，相殺適状となるためには，両債権の弁済期が到来していることが必要だとされている。しかし，相殺を行おうとする者は，受働債権の期限の利益を放棄して弁済期を到来させることができる（136条[*2]）。そうすると，相殺ができるかどうかを判断するうえでは自働債権の弁済期が到来しているかどうかが重要なのであって，受働債権の弁済期は相殺の可否とは関係がないとも思われる。

2 ▶▶ 本判決の立場

　しかし，本判決は，相殺適状となるためにはやはり受働債権の弁済期が現実に到来していなければならないとした。その根拠は，まず条文の文言に求められている。つまり，505条1項は「双方の債権が弁済期にある」ことを要求しており，これが満たされなければ508条の「相殺に適するようになっていた」とはいえないというのである。

　また，本判決は，相殺の効力が相殺適状時までさかのぼること（506条2項）との矛盾も問題としている。つまり，自働債権の弁済期さえ到来していれば相殺適状になると解した場合，受働債権の債務者は，実際には期限の利益を放棄せず，「すぐに弁済しなくてもよい」というメリットを受けておきながら，あとから相殺することで相殺の効力を自働債権の弁済期到来時までさかのぼらせ，受働債権にかかるそれ以降の利息や遅延損害金を支払わなくてもよいようにしてしまえる。しかしこれだと，相殺をする者を二重に利することになってしまうのである。

Ⅱ. 自働債権の時効消滅

1 ▶▶ 債権はいつ時効によって消滅するか？

　508条は，自働債権が時効によって「消滅」するよりも前に相殺適状になっていれば相殺が可能であるとしている。しかし，本件で甲債権がいつ「消滅」したと解するかは意外と難しい問題である。そこで，本判決をよりよく理解するため，消滅時効についても簡単にみておこう。

　債権の消滅時効は，債権者が権利を行使できることを知った時から起算して5年，または債権を行使できる時から起算して10年で完成する（166条1項[*3]）。ただし，時効は当事者が援用しなければこれによって裁判をすることができない（145条）。そし

「期限の利益」とは，期限が付いていることによって当事者が受ける利益のことをいう。期限は債務の履行を猶予するために付されるのが通常なので，民法は，期限の利益を有するのは債務者のほうであると推定している（136条1項）。この利益は放棄することもできるとされているので（同条2項），相殺しようとする者は，自分にとっての債務である受働債権については，期限の利益を放棄して弁済期を到来させることができるのである（これに対し，自働債権の期限の利益は通常は相手方にあるので，相殺をしようとする者がこれを放棄することはできない）。

*3|
ただし本件の当時は，債権の消滅時効期間は「権利を行使することができる時」から10年だった（改正前166条1項，167条1項）。

て，ひとたび時効が援用されれば，その効力は起算日までさかのぼるとされている（144条）。

そうすると本件では，⑦甲債権は時効が完成した時点（平成18年10月）で消滅したと解することも，④Yが消滅時効を援用した時点（平成22年9月）で消滅したと解することも，どちらもできそうである。Ⅰで述べたところからすると，両債権の弁済期が現実に到来した時点は平成22年7月なので，これが自働債権の「消滅以前」であるとして508条の適用を受けられるかどうかは，⑦④どちらの考え方を採るか次第ということになる。

2 ▸▸ 本判決の立場

判例には，時効による債権消滅の効果は時効が援用された時にはじめて確定的に生じるとしたものがある（判例29-A：最判昭和61・3・17民集40巻2号420頁〔百選Ⅰ-37〕〔総則・判例28〕参照）。しかし本判決は，508条を解釈するにあたってこの判例の考え方にはよらず，「当事者の相殺に対する期待を保護するという民法508条の趣旨に照らせば，同条が適用されるためには，消滅時効が援用された自働債権はその消滅時効期間が経過する以前に受働債権と相殺適状にあったことを要する」とした（＝⑦の立場）。そして，本件では，乙債権の弁済期が到来したのが甲債権の消滅時効期間の経過後なので，508条は適用されず，相殺は認められなかったのである。

508条が設けられた理由は，いったん相殺適状になれば当事者は債権・債務が決済されたと考えるのが通常であり，消滅時効が完成しないようにするための措置（147条以下）をとらなくても無理はないので，このような相殺への期待を保護するためであると説明されている。そうすると，このような趣旨があてはまるのは，相殺適状が時効完成前に生じていた場合に限られるはずである（相殺適状になる前に自働債権の消滅時効が完成していた場合には，相手方からいつ時効を援用されてもおかしくない状態だったのであり，この場合の相殺への期待は保護に値しない）。本判決は，このような508条の趣旨をふまえたうえで，同条における「消滅」の意味を明らかにしたものだといえる。

Ⅲ. 本件の特殊性

本判決は結局Xによる相殺を認めなかったが，少なくとも本件の事案のもとでは相殺を認めるべきだったと主張する見解もある。

当時は貸金業法という法律が，一定の要件を満たせば利息制限法を超える利息の支払であっても有効だとするルールを定めていたため，Xも当初は，過払金の返還を請求できるとは考えていなかったにちがいない。その後，最高裁は，貸金業法に定められた要件を満たしているかを厳しく審査し，これを満たしていなかった貸金業者に過払金の返還を命じるようになったが，それ以前の段階では，過払金返還請求権があることすら知らないXがその消滅時効の完成を防いだり，貸金債務の期限の利益を放棄して相殺したりすることは期待できなかったのではないか。そうだとすると，本件でXに相殺を認めないのは不当であるという考え方もありうるように思われる。

判例 29-A

「145条及び146条は，時効による権利消滅の効果は当事者の意思をも顧慮して生じさせることとしていることが明らかであるから，時効による債権消滅の効果は，時効期間の経過とともに確定的に生ずるものではなく，時効が援用されたときにはじめて確定的に生ずるものと解するのが相当であ〔る〕。」

30 差押えと相殺

最高裁昭和45年6月24日大法廷判決（民集24巻6号587頁）　　▶ 百選Ⅱ-32

👓 事案をみてみよう

　A社は約500万円分の国税を滞納していたため，X（国）は，AがY銀行に対して有する約650万円の預金債権を差し押さえ，Yに対してその支払を求めた。[*1]　他方，Yは，この差押えの前からAに対して約600万円の貸付金債権を有しており，AY間の契約には，AのYに対する預金債権が差し押さえられた場合に，YのAに対する貸付金債権の弁済期が到来する旨の特約があった。そこでYは，預金債務の期限の利益を放棄してこれを受働債権とし，特約によって弁済期が到来した貸付金債権を自働債権として，これらを相殺するとの意思表示を行い，預金債務は対当額で消滅したとしてXの請求を拒んだ。

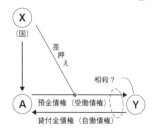

（国）X

差押え

A ── 預金債権（受働債権） ── Y
　　貸付金債権（自働債権）

相殺？

*1│
国税滞納者に対する債権差押えについては，［判例22］ *2（p. 92）を参照。

✓ 読み解きポイント

　債権法改正前の511条は，「支払の差止めを受けた第三債務者は，その後に取得した債権による相殺をもって差押債権者に対抗することができない」と規定していたので，自働債権の取得が差押えに後れる場合に相殺が認められないことは明らかだった。しかしこれとは逆に，自働債権を差押えよりも前に取得していた場合には，常に相殺ができるかについて議論が分かれていた。本件より前の最高裁判例は，差押え後に自働債権の弁済期が受働債権の弁済期に後れて到来する場合，相殺の効力が生じないと判断していた。また，本件でもみられた，自働債権の期限の利益を失わせて弁済期到来を前倒しする特約の有効性についても，このかつての判例は厳しい見方を示していた。これらによると，本件でも，貸付金債権の弁済期が預金債務の弁済期よりも先でない限り相殺は認められないことになるが，この従来の判例に対して本判決はどのような立場を示したのだろうか。

📖 判決文を読んでみよう

　本判決は，まず相殺の制度について，「相殺権を行使する債権者の立場からすれば，債務者の資力が不十分な場合においても，自己の債権については確実かつ十分な弁済を受けたと同様な利益を受けることができる点において，受働債権につきあたかも担保権を有するにも似た地位が与えられるという機能を営むものである。相殺制度のこの目的および機能は，現在の経済社会において取引の助長にも役立つものであるから，この制度によって保護される当事者の地位は，できるかぎり尊重すべきものであって，当事者の一方の債権について差押が行なわれた場合においても，明文の根拠なくして，

たやすくこれを否定すべきものではない」としたうえで，「第三債務者は，その債権
が差押後に取得されたものでないかぎり，自働債権および受働債権の弁済期の前後を
問わず，相殺適状に達しさえすれば，差押後においても，これを自働債権として相殺
をなしうる」と判示した。また，自働債権の弁済期に関する特約についても，「かか
る合意が契約自由の原則上有効であることは論をまたない」とした。

⇩ **この判決が示したこと** ⇩

　本判決は従来の判例を変更した。つまり，差押えよりも前に自働債権を取得してい
れば，その弁済期が受働債権の弁済期よりも先に到来するかどうかを問題にすること
なく，相殺適状に達した段階で相殺することができるとしたのである。また，自働債権の
弁済期を繰り上げて相殺適状を生じやすくする特約についても，契約自由の原則を根
拠に，その有効性を全面的に認めている。

 解説

Ⅰ．相殺の担保的機能

　本件では，Ｘは約500万円，Ｙは約600万円の債権をＡに対して有しており，こ
れをＡの預金から回収しようとして争っているとみることができる。Ｘは，この預
金を差し押さえてから取り立てようとしているが，Ｙは，相殺によって預金債務を免
れれば，実質的に自分の債権について弁済を受けたのと同じ利益を得られるのである。
このように，「差押えと相殺」の問題は，債権者どうしが争う場面で，相殺に担保類
似の機能をどこまで認めてあげるかという問題にほかならない。上記のとおり，本判
決は相殺の担保的機能を高く評価しており，これがＹを優先するという結論に結び
ついたと考えられる。

Ⅱ．差押えと相殺の優劣関係
1 ▸▸ 従来の判例の立場

　〔読み解きポイント〕でも述べたように，「差押えと相殺」の問題について，本判決
が出される前の判例は，自働債権の弁済期が受働債権の弁済期に後れて到来する場合
には相殺を認めないという立場を採っていた（判例**30-A**：最大判昭和39・12・23民集
18巻10号2217頁）。差し押さえられた受働債権の弁済期が到来した時点では，自働債
権の弁済期が到来していないため相殺はまだできないはずであり，それでも相殺しよ
うとするのであれば，受働債権の債務者は弁済を拒みつつ自働債権の弁済期到来を待
つよりほかない。しかし，これは誠実な態度とはいえず保護に値しない，というのが
かつての判例の立場だったのである。このような立場は「制限説」とよばれる。

2 ▸▸ 本判決の立場

　従来の判例に対しては，銀行業界から強い批判があった。預金と貸付金のどちらの
弁済期が先に到来するかは偶然に左右されるにもかかわらず，それ次第で相殺できる
かどうかが分かれるのは不合理だというのがその理由だった。そこで本判決は，この

判例 30-A
「反対債権の弁済期が
被差押債権の弁済期よ
り後に到来する場合は，
相殺を以って差押債権
者に対抗できない」。

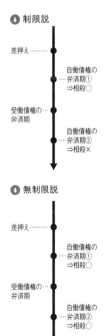

判例 30-A

「差押前第三債務者が取得した反対債権につき，その弁済期が受働債権である被差押債権の弁済期より先に到来する関係にある自働債権と受働債権との間においては，……相殺予約は有効に差押債権者に対抗し得るものと解するのが相当であるが，然らざる場合……に該当する相殺予約は，差押債権者に対抗し得ないものといわなければならない。」

＊2

最高裁の判決文には，裁判所としての結論を示す意見（法廷意見）とは別に，各裁判官の意見が付されることがある（裁判所法11条）。この意見には「補足意見」「意見」「反対意見」の3種類がある。「補足意見」は，法廷意見と結論も理由づけも同じだが法廷意見の内容を補足するために書かれるものであるのに対し，「意見」は，法廷意見と結論（上告を認めるかしりぞけるか）は同じだがその理由づけが異なる場合に書かれるものである（ちなみに「反対意見」は，その名のとおり，法廷意見の結論に反対する裁判官が書くものである）。

ような批判を受け入れて，自働債権の取得が差押えよりも前である限り，自働債権と受働債権の弁済期の先後を問わずに相殺できるとしたのである。本判決の立場は「無制限説」とよばれており，債権法改正ではこれが明文化された（511条1項）。さらに，自働債権の取得が差押えに後れる場合であっても，それが差押え前の原因に基づいて生じたものであるときは，相殺をもって差押債権者に対抗できるとされている（同条2項）。

Ⅲ．相殺に関する特約の効力

本件でもみられたように，銀行は，顧客に貸付けを行うにあたって，預金（銀行にとっての受働債権）が差し押さえられれば貸付金（銀行にとっての自働債権）の期限の利益が失われるとする特約を結んでおくのが通常である（このような特約は相殺予約とよばれることもある）。これは，他の債権者が差押えをかけてきたときに，相殺適状をすみやかに作り出して相殺で対抗できるようにするための工夫である。

しかし，前に述べた昭和39年最大判（判例30-A）は，制限説のもとでも相殺が許される場合（＝自働債権のほうが受働債権よりも先に弁済期が到来する場合）に限ってこの特約の有効性を認めていた。本来であれば相殺できないはずである場合にも特約の効力を認めることは，私人間の特約のみによって差押えを排除することにつながり，これは契約自由の原則をもってしても許されないと考えたのである。

これに対して本判決は，ここでも昭和39年最大判を変更し，このような特約が有効であることは契約自由の原則からしても当然であるとして，全面的にその効力を認めた。もっとも，この点については反対する学説も有力である。銀行と顧客との間で特約が有効なのはよいとしても，その効力を他の債権者にも無条件に及ぼすのは，相殺の担保的機能を優先しすぎているというのである。この見解は，本判決に付された大隅健一郎裁判官の意見を参照して，自働債権と受働債権が相互に密接な関係に立つ場合や，特約の存在が広く知られている場合に限り，特約の効力を第三者にも対抗できるとしている。

Ⅳ．債権譲渡と相殺

いったんは2つの債権が相対立していたが，その後に一方の債権が譲渡されて別の者が債権者になった場合，譲渡された債権の債務者が相殺を主張して，受働債権の譲受人からの請求を拒むことはできるだろうか。これは「差押えと相殺」と問題の状況が似ているため，ここでも制限説と無制限説が対立してきた。判例には無制限説と同じ結論を採ったものがあったが（判例30-B：最判昭和50・12・8民集29巻11号1864頁），事案が特殊だったため，これを一般化して考えることはできないという見方がされてきた。

しかし，債権法改正では，「債務者は，対抗要件具備時より前に取得した譲渡人に対する債権による相殺をもって譲受人に対抗することができる」とする規定が設けられた（469条1項）。これは，511条1項と同様に，無制限説の立場を採用したものだとされている。

大審院・最高裁判所

INDEX

INDEX

\ START UP /

民法③債権総論
判例 **30**！

増補版

2017年11月10日　初版第1刷発行
2023年 8 月25日　増補版第1刷発行

著者　　　田髙寛貴
　　　　　白石　大
　　　　　山城一真

発行者　　江草貞治
発行所　　株式会社有斐閣
　　　　　郵便番号　101-0051
　　　　　東京都千代田区神田神保町2-17
　　　　　https://www.yuhikaku.co.jp/

デザイン　堀 由佳里
印刷・製本　大日本法令印刷株式会社

©2023, Hirotaka Tadaka, Dai Shiraishi,
Kazuma Yamashiro.
Printed in Japan

落丁・乱丁本はお取替えいたします。
定価はカバーに表示してあります。
ISBN 978-4-641-23319-5